조선 노비들
천하지만 특별한

조선 노비들
천하지만 특별한

김종성

❖ 글을 시작하며

조선 노비, 옛 서민의 삶을 투영하다

과거에 노비가 있었다는 사실을 모르는 사람은 없다. 하지만 노비가 오늘날의 우리와 매우 밀접한 관계가 있다는 사실을 아는 사람은 그리 많지 않다. '노비' 하면 그저 남의 이야기로 치부하는 사람들이 적지 않다.

이렇게 된 데는 일차적으로 텔레비전 사극의 영향이 매우 크다. 대부분의 사극에서 노비는 숫자도 적고 역할도 미미한 존재로 등장한다. 사실, 대부분의 사극에서는 특권층인 양반이 가장 많이 나오고 일반 양인이 그 다음으로 많이 나온다. 극 중의 비중도 이와 크게 다르지 않다. 이런 사극을 보다 보면 간혹, 노비는 '극소수'의 천민이었던 것 같은 느낌을 받을 때가 있다.

사극뿐 아니라 족보의 영향도 무시할 수 없다. 오늘날 한국에서는 특권층이든 서민층이든, 상류층이든 하류층이든, 약간의 금전과 노력만 들이면 얼마든지 족보를 어렵지 않게 구할 수 있다. 그런 족보에서 '우리 가문의 시조는 노비 출신이었다'란 기록을 찾는다는 것은 불가능에 가깝다. 어느 족보나 다, 자기 가문을 명망 높은 시조와 연결시킨다. 그래서 족보가 있는 집의 사람들은 자기 집안이 과거에 양반이었다고 생각한다. 설령 집에 족보가 없다 해도 막연하게나마 이와 유사한 관념을 갖는 경향이 있다. 이로 인해 대부분의 한국인들은 자신의 뿌리를 양반 특권층에만 연결시킬 뿐, 노비 계층과 연결시킬 필요성이 있으리라고는 추호도 생각하지 않는다. 그래서 노비는 한국인의 의식 속에서 왠지 낯선 존재가 될 수밖에 없는 것이다.

하지만 학계의 연구결과에 따르면, 조선시대에는 전체 인구에서 최소 30퍼센트 이상이 노비 신분의 소유자였다. 노비가 인구의 절반을 차지한 때도 있었다. 그러나 고려시대에 비하면 조선시대에는 그나마 노비가 적은 편이었다. 또한 남북국 시대가 성립되기 이전, 즉 한민족 내부의 상호 항쟁이 빈발했던 시대에는 노비의 비중이 그 이후보다 훨씬 더 높았다. 왜냐하면, 한 해가 멀다 하고 벌어지는 잦은 전쟁으로 수많은 노예나 노비가 수시로 배출되었기 때문이다. 《삼국사기》를 읽다 보면, 어느 나라가 적국을 침공해서 그곳 백성을 자기 나라의 어느 땅에 이주시켰다는 기록을 자주 볼 수 있다. 이때 끌려가는 백성들은 상대방 나라의 노비가 될 수밖에 없었다. 그래서 고구려·백제·신라·부여·가야 등이 서로 항쟁하던 시대에는 전체 인구에서 노비 인구의 비중이 상당히 높을 수밖에 없었다.

고대 전쟁의 목적은 적국의 노동력을 빼앗거나 적국의 영토를 빼앗는 것이었다. 노동력과 영토 중에서 어느 쪽이 더 중했느냐를 따지면, 당연히 노동력이 더 중요했다. 고대에는 인구밀도가 낮아서 영토보다는 노동력이 더 필요했기 때문이다. 그래서 고대에는 적국의 성을 점령한 뒤에 그곳 백성만 빼내가는 일이 비일비재했다. 이랬기 때문에 남북국시대 이전에는 전체 인구에서 절반을 훨씬 넘는 비율이 노비였을 것이라고 추정해도 지나치지 않다.

사실, 조선시대의 노비 인구도 결코 적다고는 볼 수 없다. 다른 시대와 비교하면 상대적으로 적다고 할 수 있지만, 최소 전체 인구 중 30퍼센트가 노비였다면 상당히 많았다고 봐야 한다. 백성 열 명 중에서 최소 세 명이 노비였고 어떤 때는 다섯 명이 노비였다는 사실은, 두 집 혹은 세 집 건너 한 집이 노비 가정이었음을 의미하는 것이다.

그렇다면 왜 그렇게 많은 사람들이 노비의 삶을 살았을까? 옛날에는 오늘날과 같은 노동계약 혹은 근로계약이 존재하지 않았기 때문에, 주인에게 평생 신분적으로 예속되는 노비의 삶을 받아들이지 않고는 일자리를 구할 수 없었다. 물론 예외적인 경우도 있었지만, 그것은 어디까지나 예외였다. 국가는 힘 있는 주인들의 편이었다. 그래서 국가는 주인과 노비의 신분적 예속관계를 법적으로 승인해주고 거기서 생기는 수확물에 대해 세금을 부과했다. 국가도 노비제도를 통해 이익을 얻었던 것이다. 이런 상태에서 평범한 서민이 일자리를 얻으려면 남의 노비가 되는 수밖에 없었다.

옛날 사람들이 일자리를 얻는다는 것은, 노비가 되어 남의 땅을 경작하는 것을 의미했다. 물론 다른 방법으로도 일자리를 얻을 수 있었지만, 대부분의 경우에는 그 방법밖에 없었다. 자유로운 양인 신분을 가진 상태에서는 생계유지가 힘든 경우가 많았다. 주인의 입장에서 볼 때, 양인에게 땅을 빌려주는 일은 어찌 보면 좀 위험한 일이었다. 자유로운 사람은 통제하기 힘들다는 관념 때문이었다. 오늘날처럼 법적으로 대등한 두 사람이 한쪽은 고용주가 되고 한쪽은 고용인이 된다는 관념이 옛날에는 개발되지 않았나. 한쪽은 하늘 같은 주인이 되고 한쪽은 땅 같은 노비가 돼야만 두 사람의 관계가 안정적으로 유지될 수 있다는 것이 옛날 사람들의 관념이었다. 이처럼 노비가 되지 않고는 일터를 찾기 힘들었기 때문에 전체 인구의 상당수가 노비일 수밖에 없었던 것이다.

그러므로 노비는 사극에서처럼 어쩌다 한 명씩 볼 수 있는 존재가 아니라, 실은 아주 쉽게 만날 수 있는 평범한 사람들이었다. 노비가 아주 평범한 존재였다는 것은 노비가 그 시대의 일반인이었음을 의미한다. 그렇기 때문에 노비의 삶은 그 시대의 평균적인 삶이었다고 할 수 있다.

이처럼 노비가 평범한 일반인이었다면, 노비를 이해하지 않고서는 옛날 역사를 이해할 수 없다는 말이 된다. 그런데도 이제까지 한국인들은 노비를 제외한 채 양인만을 옛날 일반인의 범주에 넣었다. 양인에 관한 정보만으로 옛날 서민의 생활을 재구성했던 것이다. 이는 마치 자영업자에 대한 정보만으로 대한민국 서민의 삶을 이해하려는 시도와 같은 것이다. 자영업자와 고용 노동자를 함께 이해하지 않고는 대한민국 서민을 이해할 수 없듯이, 양인과 노비를 함께 이해하지 않고는 옛날 서민을 이해할 수 없다. 이런 점을 고려하면, 노비를 배제한 상태에서 옛날 서민의 역사를 구성한 기존의 접근법이 얼마나 허술했는지 느낄 수 있다.

이 글을 내놓은 것은 바로 그런 인식 때문이다. 노비에 대한 전면적 분석을 통해 노비의 모습을 올바로 구현하고, 나아가 옛날 서민의 참모습을 좀더 명확히 복원하는 것이 이 글의 목표다. 이를 위해 이 글에서는 조선시대 노비 열여덟 명의 삶을 소개한 뒤, 각각의 노비와 관련된 개별 쟁점을 설명했다. 그런 쟁점들로는 노비의 개념, 노비의 기원, 노비의 결혼, 노비의 직업, 노비의 사회적 지위, 노비의 종류, 노비의 몸값, 노비의 의무, 노비의 법률관계, 노비의 재산, 노비의 자녀, 노비의 면천, 노비의 저항, 노비제도의 추이 등이 있다.

  노비 열여덟 명의 삶과 더불어 각각의 쟁점을 살펴보는 과정에서 우리는 노비의 모습과 옛날 서민의 모습을 좀더 명확히 이해할 수 있음은 물론이고, 과거와 현재를 관통하여 일반 대중의 삶에 영향을 주는 패턴 같은 것을 찾을 수 있을 것이다. 서두에서 과거의 노비가 현대의 우리와 매우 밀접한 관련이 있다고 한 것은, 노비제 시대와 지금을 관통하는 역사적 패턴이 있기 때문이다. 사실, 노비에 관한 모든 것을 한 권의 글에 담는 것은 불가능하다. 그런 줄 알면서도 노비에 관한, 아니 옛날 서민에 관한 한국 사회의 이해를 증진시킬 목적으로 이 책을 세상에 내놓는다.

2013년 2월

김종성

❖ 차례

글을 시작하며 4

글 읽는 노비, 박인수 : 노비의 개념 15
선비들의 존경을 받은 노비 _17 | 노비란 무엇인가 _22 | 머슴과 노비, 그 차이 _28

엽기적인 송씨에게 걸린 여종들 : 노비와 노예, 농노 35
여종의 손가락을 자른 주인 _37 | 노비와 노예·농노의 비교 _41

신분 세탁으로 재상이 된 반석평 : 노비제도의 시작 47
노비 출신 재상, 옛 주인을 만나다 _49 | 노비제도의 기원 _52

노비가 된 경혜공주 : 노비의 성립 원인 57
노비로 추락한 단종의 누나 _59 | 노비로 추락하는 사람들 _64

남대문 밖에 사는 정광필의 노비 : 노비의 유형 71
노비들을 위한 제사상 _73 | 공노비와 사노비 _79 |
선상노비·납공노비와 외거노비·솔거노비 _82

배 비장을 농락한 제주 기생, 애랑이 : 노비와 관기 87
《배비장전》 속의 관기들 _89 | 관기, 의무를 행하다 _94 | 관기와 일반 공노비의 차이 _97

서자보다 못한 얼자, 홍길동 : 노비와 서얼 101
소설 속 홍길동의 신분 _104 | 천첩의 자녀, 얼자 _108 | 관기가 낳은 얼자의 지위 _112

노비 막신이 가족의 매매 현장 : 노비의 몸값 117
노비 막심이 가족의 매매 서류 _119 | 노비들의 실제 몸값 _125

10년치 의무를 이행한 도망노비, 김의동 : 노비의 의무 129
옛 동료를 우연히 만난 김의동 _132 | 사노비의 의무 _135 | 공노비의 의무 _137

화폐개혁을 거부한 부자노비, 불정 : 노비의 직업 143
상업으로 부자가 된 노비 _145 | 사농공상에 속한 노비들 _148

술주정하다 맞아 죽은 이서구의 노비 : 노비에 대한 법적 차별 155
동정 받지 못한 노비의 죽음 _157 | 노비와 주인 간의 형사 문제 _162

대기업 이사급의 노비들 : 노비의 사회적 지위 171
1,000명의 부하를 거느린 노비 _174 | 남편을 과거에 합격시킨 여종 _181 | 노비와 양인의 역학관계 _187

한성 최고 기생을 차지한 공노비 : 노비의 재산 191
한성 최고 기생, 성산월 _193 | 낯설지 않은 노비의 재산 보유 풍경 _197

사랑에 실패한 여종, 덕개 : 노비의 사랑과 결혼 203
여종의 사랑을 막은 김대섭 _205 | 국가가 강제이혼을 시킨 노비들 _208

재산 목록에 거명된 김무의 노비들 : 노비의 자녀 211
노비 자녀들의 운명 _213 | 종모법이냐 종부법이냐 _218

재상을 꿈꾼 천첩의 자식, 목인해 : 노비의 면천과 신분 상승 225
인생 역전을 위한 마지막 승부수 _227 | 면천, 그리고 노비들의 신분 상승 _233

추노꾼을 고발한 도망노비들 : 노비의 저항 239
현상금에 눈이 먼 노비들 _241 | 저항을 택한 노비들 _246

불상의 눈을 파헤친 한성 동부의 노비들 : 노비제도 폐지 253
동대문 쪽 노비들의 속설 _255 | 노비제도, 종언을 고하다 _257

글을 마치며 264

주석 268

참고문헌 해설 276

글 읽는 노비, 박인수
노비의 개념

우리가 상상하는 노비奴婢는 '마당을 쓰는 사람', '주인에게 굽실대는 사람', '툭 하면 얻어맞는 사람' 정도다. 아주 틀린 이미지는 아니지만, 그렇다고 정확한 이미지도 아니다. 상당 부분은 편견으로 채워진 선입견이다. 그래서 버려야 한다. 노비 박인수의 이야기를 듣다 보면, 노비에 관한 우리의 선입견이 실제 사실과 얼마나 동떨어져 있는지 알게 될 것이다. 왜냐? 박인수는 글 읽는 노비였기 때문이다. 마당을 쓸거나 주인에게 굽실대거나 툭 하면 얻어맞는 그런 존재가 아니었다. 그는 노비 신분을 갖고도, 존경 받는 학자로서 활약을 펼쳤다. 박인수 혼자만 그랬던 게 아닐까? 아니다. 전문적으로 학문 활동만 하는 노비도 많았다. 박인수는 그런 사람들 중 한 명이었다.

선비들의 존경을 받은 노비

박인수朴仁壽(1521~92)는 정2품 중추부지사中樞府知事[1]를 지낸 신발申

조선의 선비 | 박인수는 노비였으나 높은 학식과 단정한 품행으로 선비들의 존경을 받았으며 제자들까지 거느렸다. 사진은 다산유적지에 전시된 정약용의 모형이다. 경기도 남양주시 조안면 소재.

撥의 노비였다. 오늘날 발행된 어떤 사전에는 박인수가 평민이었다고 적혀 있지만 사실이 아니다. 사전을 집필한 사람은 '학자로서 이름을 날린 인물이었으니, 그는 양반 아니면 평민이었을 것'이라고 착각한 모양이다. 학자들 중에 노비도 있었다는 점은 미처 생각하지 못했던 것 같다.

박인수는 막일을 하는 노비가 아니었다. 학식을 쌓고 선비 이상의 몸가짐을 유지한 노비였다. 조선 후기 민담집인 유몽인柳夢寅의 《어우야담於于野談》에서 그에 관한 이야기를 자세히 들을 수 있다.

아래 글에서 "노비가 할 수 있는 일이라곤 농업·공업·상업·병사에 지나지 않는다"고 한 것은 노비는 학문을 연구할 수 없다는 의미가 아니라, 일반적인 노비들은 그런 직업밖에 가질 수 없었다는 의미다.

국법상으로 노비는 벼슬길에 나갈 수 없다. 할 수 있는 일이라곤 농업·공업·상업·병사에 지나지 않는다. 박인수는 천한 일을 버리고 학문에 힘쓰면서 선행을 좋아했다. 읽은 책은 《대학》《소학》《근사록近思錄》² 같은 것으로, 그리 많지는 않았다. 하지만 행실이 탁월했고 예법에 맞지 않으면 행동하지 않았다.

박인수는 일반적인 노비의 길을 거부하고 공부에 매진했다. 그를 학문의 길로 이끈 사람은 박지화朴枝華란 학자였다. 박지화는 대학자인 서경덕徐敬德의 제자로 명종 때 당대 최고의 학자로 손꼽혔다. 박인수는 유학만 배운 게 아니었다. 한때는 불경에 심취해서 승려가 되려고 했다. 유교와 불교를 두루 공부했으니, 누구와 대화해도 막힘이 없었을 것이다. 방 안에 거문고를 두고 즐길 정도로 취미도 제법 고상했던 듯하다.

노비 주제에 그렇게 한다고 남들이 알아주기나 했을까? 비웃지는 않았을까? 그렇게 생각할 수도 있지만, 아니다. 그의 학문은 남들이 '알아줄' 정도였다. 수많은 선비들이 그를 존경했다. 매일 아침, 날이 밝기도 전에 수십 명의 제자가 찾아와 마당에 늘어서서 절을 올렸다. 제자들은 박인수에게 죽을 올린 뒤, 그가 다 먹은 다음에야 물러갔다. 그가 선비 중심의 사회에서 얼마나 탄탄한 지위를 갖고 있었는지 보여주는 대목이다. 잘 모르는 사람들은 그가 노비라고는 미처 생각하지 못했을 것이다. 이 정도였으니 박인수에 대한 소유권을 가진 노비주奴婢主 신발도 그를 쉽게 대할 수는 없었을 것이다.

박인수가 주인집에 기거한 솔거노비였는지 아니면 주거를 따로 한 외거노비였는지는 정확히 확인할 수 없다. 하지만 평생 노비 신분을 유지하며 공부에 전념한 것을 보면 외거노비였을 가능성이 더 크다. 학문적 명성을 쌓기 전까지는 가족 중 누군가가 그를 위해 희생했을 것이다. 그래서 공부하는 중에도 그가 노비의 의무를 이행하는 데는 별다른 문제가 없었을 것이다. 외거노비의 중요한 의무는 노비주에게 정기적으로 신공身貢, 즉 공물을 바치는 것이다. 제자가 생기기 전에는 가족들이 대신해서 신공을 바쳤을 것이고, 제자가 생긴 후에는 거기서 생긴 수입으로 박인수 스스로 신공을 마련했을 것이다.

사회적으로 유명한 노비를 거느린 노비주의 마음은 어떠했을까? 시기심이 생기지는 않았을까? 그랬을 수도 있겠지만, 박인수의 주인은 그렇지 않았다. 박인수는 주인집과 꽤 돈독한 관계를 유지했다.《어우야담》에서는 그가 신발의 아들인 신응구申應集와 함께 개골산(금강산)에서 책을 읽었다고 했다. 박인수는 그냥 학문이 좋아서였지만, 신응구는 과거시험을 목표로 금강산에 공부하러 갔다. '수험생'인 아들을 노비에게 맡긴 것을 보면, 신발이 박인수를 얼마나 신뢰했는지 짐작할 수 있다. 박인수가 당대 선비들의 존경을 받았기 때문에 가능한 일이었을 것이다. 어쩌면 주인집과의 돈독한 관계 덕분에 박인수가 좀더 쉽게 선비 사회로 진입했는지도 모를 일이다.

이런 생각이 들 수도 있다. '주인이 면천免賤을 시켜주지 않았다면, 일개 노비가 이렇게까지 될 수 있었을까?'라고 말이다. 하지만 그가 면천되었다는 기록은 존재하지 않는다. 박인수 같은 인물이 면천되었다면, 그 이야기도 분명히 전하겠지만 그런 기록은 전혀 존재하지 않는다. 기록상으로 나타나는 사실은 노비 신분으로 학문 활동을 하는 박인수의 모습뿐이다.

선비형型 노비 박인수는 우리를 의아하게 만든다. 노비가 글을 좋아하고 거문고를 타는 것까지는 이해할 수 있다 치더라도, 노비가 수많은 제자들을 거느리고 선비들의 존경을 받았다는 점은 우리의 상식으로는 쉽게 이해할 수 없다. 박인수를 떠받든 제자들은 거의 다 양인良人이었을 것이고 그중 상당수는 특권층인 양반이었을 텐데, 그런 사람들이 노비를 떠받들었다니! 쉽게 납득할 수 없는 일이다.

문제는 박인수가 아니라 우리에게 있다. 노비에 관한 우리의 지식이 역사적 실제와 동떨어져 있기 때문이다. 노비에 관해 잘못 아는 게 많기 때문에 박인수란 존재를 납득하기 힘든 것이다. 노비가 정확히 어떤 존재였는지를 탐구하면, 박인수가 노비 신분을 갖고 선비 사회에서 존경을 받은 이유를 이해할 수 있다.

노비란 무엇인가

노비는 노奴와 비婢가 합쳐진 말이다. 흔히 '노'는 남자 하인, '비'는 여자 하인을 의미한다고 설명한다. 그러나 이것은 정확한 설명이 아니다. 나중에는 그렇게 됐지만, 처음부터 그랬던 것은 아니다. 고대 주나라의 정치체제를 정리한 《주례周禮》에서 이 점을 확인할 수 있다. 《주례》〈추관사구秋官司寇〉편에 '노'와 관련된 문장이 있다.

> 노奴 가운데서 남자는 죄예罪隸로 들이고, 여자는 용인舂人이나 고인槀人으로 들인다.

남자 범죄자는 '죄예'란 명의로, 여자 범죄자는 '용인'이나 '고인'이란 명의로 일을 시킨다는 의미다. 죄예·용인·고인은 국가에 예속되어 노동에 종사하는 사람들이었다. 관청에 속한 공노비나 관노비의 원조는 바로 이들이다. 중요한 사실은, 여기서 '노'를 남녀 모두를 포함하는 개념으로 사용했다는 점이다. 여성 범죄자만 따로 떼어내 '비'라 부른 것은 훗날의 일이었다. 이는 초기에는 '노'가 주로 남자였음을 의미한다. 나중에 여성의 숫자가 많아지자 이들만을 지칭하는 단어가 따로 생긴 것이다.

노 자의 우변에 있는 '우又'는 이들의 외형적인 모습을 표시하고 있다. 중국 후한後漢 때 나온 사전인 《설문해자說文解字》에 따르면, 우는 손 수手 자에서 나왔다. 10세기 때 중국 학자인 서현徐鉉은 《설문해자》를 해설하면서 "우는 손으로, 일을 처리하는 것이다"라고 풀이했다. 따라서 우 자를 포함한 노 자에는 노동하는 모습이 담겨 있다는 것이 그의 생각이다.

노비의 기원이나 글자 모양에서 알 수 있듯이, 노비는 타인에게 신분적으로 예속된 상태에서 노동에 종사하는 존재를 지칭했다. 그 타인은 개인일 수도 있고 왕실일 수도 있고 관청일 수도 있다. 처음에는 주로 왕실과 관청이 노비를 소유했지만, 후대로 갈수록 개인이 소유하는 경우가 많아졌다. 대상이 누구든 간에 타인에게 예속되어 신분적 얽매임을 받는 존재가 노비였다.

이 대목에서, KBS 드라마 〈추노〉에 나온 태하(오지호 분)와 대길(장혁 분)의 대화를 떠올려보자. 훈련원 판관으로 소현세자의 측근이었던 태하는 세자의 죽음과 함께 노비로 추락했다가 기회를 틈타 도주했다. 거액을 약속 받고 그를 잡으러 떠난 추노꾼이 대길이었다. 그런데 얼마 안 가서 이들은 '애증의 친구' 사이가 되었다. 태하가 도주 과정에서 만나 결혼한 언년이(이다해 분)는 실은 대길의 옛 애인이었다. 언년이에 대한 연민에 사로잡힌 대길은 태하를 돕기로 결심했다. 한편으로는 애정을, 다른 한편으로는 증오를 품은 대길은 태하를 "어이! 노비"라고 부르곤 했다. 드라마 최종회에서도 대길이 자신을 그렇게 부르자, 태하는 "자네는 아직도 날 노비로 생각하는가?"라고 물었다. 대길은 "그렇다"면서 꽤 철학적인 한 마디를 던졌다. "세상에 매어 있는 것들은 다 노비야." 대길의 말처럼 노비의 본질은 '얽매임'이다. 남에게 구속되는 것이 노비의 본질이었다.

여기서 말하는 구속이란 모든 형태의 구속이 아니라 신분적 구속에 국한된다. 예컨대 국립대학 겸 행정연수원인 성균관에는 교직원들도 있고 유생들도 있고 노비들도 있었다. 이들은 모두 성균관에 구속된 사람들이었다. 하지만 교직원이나 유생들을 성균관 노비라고 부르지는 않았다. 이들의 구속은 '신분적' 구속이 아니었기 때문이다. 그들은 평생 동안 성균관에 묶여야 할 의무가 없었다. 하지만 그곳 노비들은 달랐다. 그들은 뭔 일을 하든지 성균관에서 벗어날 수 없었다. 마치 남의 양자가 된다고 해서 친부모와의 관계가 사라지지 않는 것과 마찬가지다. 노비의 신분적 구속은 그런 천륜과도 같은 것이었다. 면천을 받지 않는 한, 그것은 천륜이었다.

　성균관 노비들의 내력을 살펴보면, 노비의 신분적 구속이 얼마나 강력했는지 알 수 있다. 흥미로운 것은 성균관 노비들이 아주 오래 전에 한 집안 노비들의 후예였다는 사실인데, 이는 윤기尹愭의 반중잡영泮中雜詠 220수에서 알 수 있다. 반중잡영은 '성균관 내부(泮中)

성균관 기숙사 | 조선시대의 성균관은 오늘날의 국립대학 및 행정연수원의 역할을 했다. 서울시 종로구 명륜동 소재.

에 관한 갖가지 시〔雜詠〕'를 뜻한다. 정조시대에 성균관 유생이었던 윤기가 지은 이 시들은 그의 유고시집인 《무명자집無名子集》에 수록되어 있다. 반중잡영 중에 "우리 동방에"라고 시작하는 시가 있다.

> 우리 동방에 안문성安文成 같은 분이 있어
> 화상을 사들이고 경전을 들여오고 학교도 세우셨네
> 노비 100명의 후예도 많아졌네
> 지금도 제단에 제사할 때는 마음과 성의를 다한다

'안문성'은 문성공 안향安珦(1243~1306)이다. 고려에 성리학, 즉 주자학을 도입한 학자다. '화상'은 공자와 70제자의 초상화를 가리킨다. 여기서 '노비 100명'에 주목해보자. 윤기는 각각의 시에 해설을 덧붙였는데 이 시에 딸린 해설에서 "(안향이) 국학을 설치하고 노비 100구口를 기부했으니, 지금의 반인泮人은 모두 그 후손"이라고 했다. 안향이 성균관(국학)에 바친 100명의 노비가 점차 불어나서 반촌泮村의 주민인 '반인', 즉 성균관 동네의 주민들이 되었다는 것이다. 반인은 성균관 주변에 거주하면서 이곳 살림을 도맡아 처리했다.

윤기가 이 시를 지은 때가 18세기 후반이었으므로, 반인들은 거의 400년간이나 성균관의 굴레에서 벗어나지 못한 셈이다. 반인들이 안향의 노비에서 성균관의 노비로, 또 고려시대의 노비에서 조선시대의 노비로 바뀐 데서 느낄 수 있듯이, 노비들은 웬만해서는 떼어낼 수 없는 강력한 신분적 구속에 얽매어 있었다. 그 구속은, 주인이 바뀌고 왕조가 바뀌어도 쉽게 떨어지지 않는 강력한 순간접

착제 같은 것이었다.

노비의 구속은 종신제 구속이었다. 오늘날에는 종신제 계약이 잘 인정되지 않는다. 당사자 모두에게 이익이 된다면 모르겠지만, 어느 일방에만 가혹한 종신제 계약은 설령 그 일방이 동의했더라도 법적 효력을 갖지 못한다. 하지만 노비제도는 종신제를 당연한 것으로 전제했다. 한 사람이 세상에 태어나서 타인에게 평생 동안 얽매어 사는 것을 자연스럽게 받아들였던 것이다.

노비의 구속은 노비 본인뿐 아니라 자손에게까지 이어졌으니 노비제도는 매우 가혹한 제도였다. 중국과 비교해도 가혹했다. 중국에서는 노비의 세습이 인정되지 않았기 때문이다. 실학자 유형원柳馨遠은 《반계수록磻溪隧錄》〈병제兵制〉에서 중국 노비는 자기 대에 한해서만 복역할 뿐이라고 말했다.

> 중국에도 노비가 있지만, 모두들 범죄 때문에 노비가 되거나 스스로 몸을 팔아 고용된 것일 뿐이다. 혈통을 따라 대대로 노비가 되는 법은 없다.

중국 노비가 세습되지 않았다는 점은 당나라의 법전이자 동아시아 역대 법령의 모범인 《당육전唐六典》에서도 확인할 수 있다. 《당육전》〈상서형부尙書刑部〉편에서는 관노비가 70세가 되면 양인으로 삼으라고 했다. 이는 노비의 세습을 불허했음을 뜻한다. 그에 비해 조선에서는 본인뿐 아니라 후손에게까지 대대로 신분적 굴레를 씌웠으니 조선 노비제도는 매우 가혹했다고 볼 수 있다. 노비제도가 가혹하기는 조선 이전의 왕조들도 다를 바 없었다.

　물론 중국 노비제도에서 세습이 인정되지 않았다 하여 그것이 현실적으로 완전히 지켜졌다고 볼 수만은 없다. 노비 부모를 둔 자녀는 특별한 사정변화가 없는 한, 부모의 노비주를 위해 복역하는 것이 유리했을 것이다. 별다른 생계수단도 없는 상태에서 '나는 부모의 전철을 밟지 않겠다'며 독립을 선언한다면, 어디서 호구지책을 마련할 것인가? 부모의 길을 따르는 게 현실적으로 유리한 경우도 있었다는 점을 고려해야 한다. 다만 중국 노비들은 마음만 먹으면 얼마든지 자유를 선택할 수 있었다. 조선의 노비들은 그런 기회마저 누리지 못하고 본인은 물론 후손까지도 얽매인 삶을 살아야 했으니, 조선 노비들만큼 불우한 신세도 없었다고 할 수 있다.

　박인수가 신발의 노비라는 것은 그가 평생 신발 가문에 얽매여 살아야 한다는 것을 의미했다. 즉 주인집이 자기에게 부과한 의무를 이행하며 살아야 했다. 뒤집어 생각하면 노비의 의무를 다하는 한, 그가 책을 읽든 선비들과 교유하든 노비주 신발이 이래라저래라 할 수 있는 일이 아니었다. 박인수의 가족들이 그의 몫만큼 열심히 일해서 그 결과물을 주인집에 갖다주면 됐기 때문이나. 어쩌면 박인수의 가족들은 그런 수고조차 하지 않아도 되었는지 모른다. 박인수의 제자들이 갖다주는 재물을 주인집에 바치면 됐기 때문이다. 선비 박인수는 그런 의미에서 노비였던 것이다.

　이제, 노비는 마당이나 쓸고 주인에게 굽실대며 툭 하면 얻어맞는 존재란 이미지를 버리자. 박인수처럼 그렇게 살지 않는 노비들도 있었다는 점을 염두에 두자. 아무런 근거도 없는 그간의 선입견을 떨쳐버리고, 노비의 세계로 우리 좀더 깊이 빠져보자. 노비의 개념을 더 자세히 이해하기 위해, 평소 애매한 문제 중 하나였을 수 있는 머슴과 노비의 관계를 살펴보자. 머슴과 노비는 같은 것인지 다른 것인지를 살펴보면서, 노비에 대한 우리의 지식을 한 단계 업그레이드해보자.

머슴과 노비, 그 차이

일제시대를 배경으로 하는 김유정의 소설 《봄봄》에 머슴이 등장한다. 이 머슴은 금전을 받고 일하지 않는다. 자기 딸인 점순이가 더 크면 결혼시켜주겠다는 주인의 계약조건을 보고 일하는 것이다. 예비 데릴사위가 된 셈이다. 그런데 머슴과 주인 간에는 다툼이 끊이지 않는다. '점순이가 더 크면'이란 계약조건을 놓고 항상 마찰을 빚는다. 동일한 조건을 두고 머슴은 '점순이 나이가 더 들면'으로, 주인은 '점순이 키가 더 크면'으로 해석한다. 문제는 점순이의 키가 잘 자라지 않는다는 점이다. 머슴이 주인에게 계약이행을 촉구하면, 주인은 항상 '쟤 키 좀 봐!'라며 상황을 회피하곤 한다. 다음은 소설의 한 대목이다.

"장인님! 인제 저 ······."
내가 이렇게 뒤통수를 긁고, 나이가 찼으니 성례(혼례)를 시켜줘야 하지 않겠느냐고 하면 그 대답이 늘,

"이 자식아! 성례구 뭐구 미처 자라야지!"
하고 만다.

점순이의 키가 생각만큼 자라지 않으니 결혼을 시킬 수 없다는 게 점순이 아버지, 즉 주인의 대답이다. 3년 7개월 동안 아무런 대가도 받지 않고 열심히 일을 했건만, 장인어른 아니 '사장님'은 이런 식으로 '머슴'을 착취하고 있다. 그래서 머슴은 "이래서 나는 애초 계약이 잘못된 걸 알았다. 이태면 이태, 삼 년이면 삼 년, 기한을 딱 작정하고 일을 했어야 할 것"이라며 후회를 하지만 이미 늦었다.

《봄봄》에 등장하는 머슴이 가장 많이 활약한 때는 일제시대였다. 구한말 이래로 노비제도가 와해되면서 많은 노비들이 머슴으로 전환했기 때문이다. 물론 구한말 이전에도 머슴은 존재했다. 그들은 노비와는 전혀 다른 존재였다. 조선시대 문헌들에서 그 같은 머슴의 성격을 유추할 수 있다.

조선 후기의 관료 겸 화가인 장한종張漢宗이 엮은 민담집인 《이수신화禦睡新話》에 고한雇漢, 즉 머슴이 등장한다. 고용을 뜻하는 고 자에서 고한과 주인의 관계를 감지할 수 있다. 순조 4년 6월 5일(1805. 7. 12.), 장한종은 경기도 해주를 방문하고 귀가하는 길에 우연히 만난 '정심혁'이라는 인물과 주막집에 들렀다. 정심혁의 노비도 이들과 함께했다. 이때 정심혁이 타던 말이 주막집 머슴을 걷어차는 사고가 발생했다. 대수롭지 않게 생각한 장한종과 정심혁은 한 마디 사과도 없이 방에 들어가 소주를 마셨다. 격분한 주막집 머슴들이 달려들어 배상을 요구했지만, 정심혁은 새벽을 틈타 도주했다. 하

조선의 노비 | 방 안에 앉아 있는 노비를 복원한 모형으로 경기도 남양주시에 있는 다산유적지에 전시되어 있다. 경기도 남양주시 조안면 소재.

지만 정심혁은 임진강 앞에서 그를 쫓아온 주막집 주인에게 붙들려 그의 노비를 인질로 맡기고서야 집으로 돌아갈 수 있었다. 이를 보다 못한 장한종은 자신의 말을 담보로 정심혁의 노비를 풀어주도록 했다. 이후 정심혁이 조카뻘인 김포 사또에게 서너 냥의 돈을 빌려 주막집 머슴에게 치료비 조로 지급한 뒤에야 비로소 이 사건은 해결되었다. 이는 당시 농가뿐 아니라 주막집에도 머슴들이 근무했음을 보여주는 사례다.

   장한종이 살던 조선 후기뿐 아니라 전기에도 머슴은 존재했다. 조선 건국 93년 뒤인 1485년부터 시행된 《경국대전經國大典》에 머슴을 가리키는 고공雇工이란 표현이 등장한다. 고한이나 고공은 모두 머슴을 가리키는 표현이다. 이들은 외형상으로 솔거노비와 구분되지 않았다. 주인집에서 먹고 자면서 일했다는 면에서 머슴이나 솔거노비는 다를 바 없다. 하지만 《경국대전》에서 고공을 어떻게 처리했는지 살펴보면, 머슴과 노비의 차이를 이해할 수 있다.

《경국대전》〈예전禮典〉에 호적의 기재 사항이 적시되어 있다. 이것을 호구식戶口式이라 했다. 호구식에 들어가는 항목은 주소·직분·성명·연령·본관·4대 조상의 인적 사항, 배우자의 성명·연령·본관·4대 조상의 인적 사항, 동거하는 자녀의 성명 및 연령, 노비의 성명 및 연령, 고공 즉 머슴의 성명 및 연령이다. 만약 머슴과 노비가 법적으로 동일한 존재였다면 법전에서 양자를 별도로 규정하지 않았을 것이다. 법적으로 상호 이질적이었기에 그렇게 한 것이다.

머슴과 노비가 구체적으로 어떻게 달랐는지는 《금계필담錦溪筆談》에서 확인할 수 있다. 조선 후기, 관료인 서유영徐有英이 정리한 이 민담집에 고유高庚란 인물이 나온다. 숙종 대에 활약한 고유는 임진왜란 의병장인 고경명高敬命의 후손이다. 고유의 유庚가 이름인지 자字인지는 확인할 수 없다. 고경명의 집안은 대대로 전라도 광주에 거주했지만, 고유는 어려서 부모를 잃고 경상도 고령에서 남의 집 머슴으로 살았다. 부지런하고 충직해서 동네 사람들의 사랑을 받았다고 한다.

같은 동네에 박 좌수朴座首라는 이가 살고 있었다. '좌수'는 시·군·구 의회 격인 향청(유향소)의 우두머리를 일컬으니, 박 좌수는 지역 유지였던 셈이다. 그러나 그는 사회적 지위에 비해 경제적으로 매우 가난한 사람이었다. 하루는 고유가 그와 함께 장기를 두었다. 도중에 고유가 내기 제안을 했다. 좌수는 내기 자체에는 동의했지만 내기의 내용을 듣고 버럭 화를 냈다. 고유가 황당한 제안을 했기 때문이다. 자기가 지면 1년간 좌수의 머슴이 되고 자기가 이기면 딸을 달라는 것이었다. 고유가 보기에는 자신과 좌수의 처지가 비슷했다. 자신은 비록 머슴살이를 하고 있지만 고경명의 후손인 데 비해, 좌수는 비록 지역 유지이기는 하지만 명문가가 아닌 데다가 가난하기까지 했다. 그러므로 자신이 좌수의 사위가 되어도 무방하다고 생각했던 것이다. 좌수는 고유가 그렇게 생각하는 것이 기분 나빴다. 고유가 아무리 명문가의 후손이라 해도 지금은 하찮은 머슴이니, 좌수인 자기 딸과 결혼하는 게 가당치 않다고 판단한 것이다. 좌수는 "당치도 않아!"라고 고함쳤지만, 얼마 안 있어 결혼을 승낙할 수밖에 없었다. 자기 딸도 고유와 결혼하고 싶다고 하고, 동네 사람들도 적극 추천했기 때문이다. 고유의 가문으로 보나 사람 됨됨이로 보나 앞으로 훌륭하게 될 가능성이 있었기에 다들 그렇게 추천했다.

　신혼 첫날밤, 신부는 고유에게 황당한 제안을 했다. '당신은 훌륭한 사람이 될 자질이 있지만 지금 상태로는 그렇게 될 수 없으니, 10년간 별거하면서 당신은 과거시험을 준비하고 나는 장사를 해서 돈을 벌자'는 게 그 제안이었다. 고유는 제안을 승낙하고 동이 트기 전 마을을 떠났다. 이후 동네에서는 새신랑이 첫날밤 도망을 갔다는 소문이 퍼졌다. 그렇게 고령을 떠난 고유는 정말로 10년 뒤에 대과에 급제했고 부인은 장사를 해서 거상이 되었다. 고유의 사정을 들은 숙종 임금은 일부러 그에게 고령현감 자리를 주었다. 덕분에 고유와 부인은 10년 만에 감격의 재회를 나눌 수 있다. 얼마 안 있어 고유는 경상도관찰사로 승진했다.

고령에서 머슴살이를 하다가 10년간의 노력 끝에 과거에 급제하고 고위직에 오른 고유의 이야기 속에서 우리는 머슴의 법적 지위에 관한 두 가지 정보를 얻을 수 있다. 남의 집 머슴인 고유가 '제가 장기에 지면 좌수 어른의 머슴이 되겠습니다'라고 제의한 데서 드러나듯이, 머슴은 자신의 주인을 임의로 바꿀 수 있었다. 그러나 노비는 절대로 그렇게 할 수 없었다. 주인과 머슴은 고용계약을 매개로 묶였다. 그런 까닭에 계약만 해소된다면 머슴은 자유로울 수 있었다. 또 머슴살이를 하던 고유가 과거에 응시한 데서 알 수 있듯이, 머슴의 법적 지위는 일반 양인과 조금도 다르지 않았다. 머슴 신분을 숨기고 응시했을 수도 있지 않을까 하는 의문이 들 수 있지만, 고유는 그렇게 하지 않았다. 과거에 급제한 그는 머슴살이 경력을 숨기지 않았다. 자신의 입지전적 출세를 증명하는 것은 오히려 자랑거리였다. 숙종 임금이 그의 사정을 듣고 고령현감을 제수한 사실을 보더라도, 머슴살이 경력이 과거 급제에 장애가 되지 않았음을 알 수 있다.

이런 점들을 보면, 머슴은 비록 외형상으로는 솔거노비와 다를 바 없었지만 법적으로는 그들과 달랐음을 알 수 있다. 이런 머슴은 어느 시대나 존재했다. 《삼국사기三國史記》〈고구려 본기〉에 따르면, 미천왕도 왕이 되기 전에 머슴살이를 한 적이 있다. 자신의 아버지 돌고咄固를 죽인 큰아버지 봉상왕(돌고의 형)을 피해 남의 집에서 머슴살이를 했던 것이다. 《삼국사기》에서는 머슴살이를 '용작傭作'이란 용어로 표현했다. 용작은 고용계약에 기초한 노동이다. 미천왕이 담당한 일은 산에 가서 나무하는 일이었다. 이처럼 머슴은 고대부터 존재했지만 고용계약에 기초한 자본주의적 생산관계가 도입되기 전까지는 이들의 존재가 미미했다. 자본주의가 본격 유입되기 전까지는 노비가 다수였고 머슴은 소수에 불과했다. 그러다가 자본주의가 본격 유입되기 시작한 구한말부터 머슴의 수가 급증했던 것이다.

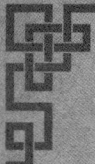

엽기적인 송씨에게
걸린 여종들

노비와 노예, 농노

여종의 손가락을 자른 주인

조광조趙光祖의 일파로 몰려 한때 옥고를 치렀다가 석방된 후에 삼정승을 두루 지낸 인물이 있다. 홍언필洪彦弼(1476~1549)이 그 주인공이다. 홍언필은 훌륭한 인품의 소유자라는 칭송을 받았다. 《명종실록明宗實錄》[3] 〈홍언필 졸기〉에서는 "인품이 겸손하고 청렴하여 일상생활이 매우 검소했다"고 평가했다. 반면 "마음속으로 항상 화를 두려워하여 바른말을 입 밖에 내지 않은" 인물이라는 평도 있다. 두 가지 평가를 종합하면, 그는 신중하지만 소극적인 인물이었다. 그런데 부인은 그와 반대였다. 그의 부인은 중종 때 명재상인 송질宋軼의 딸로, 왈가닥인 데다가 엽기적이기까지 했다.

《금계필담》에 따르면, 홍언필이 송씨와 결혼한 데는 사연이 있었다. 송씨는 처녀 때부터 엽기적인 행각으로 유명했다. 처녀 시절, 송씨의 마을에 질투가 심한 부인이 살고 있었다. 질투에 질린 남편은 아내의 손가락을 잘라 온 동네에 보여주었다. 투기가 심한 여인은 이렇게 된다는 것을 보여주기 위해서였다. 손가락 얘기를 들은

조선의 신랑과 신부 | 서울시 중구에 있는 남산골한옥마을에 전시된 모형이다. 서울시 중구 필동 소재.

송씨는 여종에게 그 손가락을 가져오라고 시켰다. 여종이 손가락을 가져오자 상 위에 올려놓은 뒤 술을 붓고는 "그대는 여자로서 죽어도 마땅하니, 내 어찌 조문하지 않으리오?"라고 말했다. 이 소문이 퍼지자, 사대부들 사이에서 송씨는 결혼 기피대상이 되었다. 그런 소문을 듣고도 홍언필이 결혼을 결심한 것은, 여자는 남자 하기 나름이라는 생각에서였다. 그 정도 여자는 충분히 다룰 수 있다는 자신감이 있었던 것이다.

그렇게 자신만만하게 결혼을 한 홍언필이었지만 혼례를 치른 다음 날 짐을 싸서 자기의 집으로 돌아갔다. 조선시대에는 남자가 여자 집에서 혼례식을 치룬 뒤 짧게는 며칠에서 길게는 1년 정도 살다 본가로 돌아오는 것이 풍속이었으니, 신랑이 첫날밤만 보내고 짐을 싼 데는 까닭이 있었다.

혼례식을 치룬 홍언필은 어떻게 하면 신부의 기선을 제압할 수 있을까 고민했다. 신부와 단둘이 있는 방 안에서도 그런 고민에 빠졌다. 마침, 예쁜 여자 노비가 술상을 들고 신혼 방에 들어왔다. 홍언필은 일부러 여종의 손을 잡고 귀여워하는 척했다. 부인이 어떻게 나오는지 본 다음, 태도에 따라 기선을 제압하려 한 것이다. 하지만 그의 기대와는 달리 부인은 아무 반응이 없었다. 오히려 못 본 체했다. 문제는 그 뒤에 벌어졌다. 술을 다 마신 홍언필은 사랑방에 가서 혼자 쉬고 있었다. 얼마 있다가 부인이 남편을 찾아 사랑방에 들어왔는데 그의 손에는 피가 떨어지는 물건이 들려 있었다. 부인은 그것을 남편에게 조용히 내밀었다. 조금 전에 홍언필이 만지작거렸던 여종의 손가락이었다.

결혼하자마자 별거에 들어간 이 부부는 수년이 지난 뒤 다시 결합했다. 송씨가 부모의 권유로 남편에게 용서를 빈 뒤였다. 하지만 한동안 잠잠하던 송씨의 엽기 행각은 다시 고개를 쳐들었다. 아들 홍섬洪暹이 태어난 지 7년 뒤에 송씨는 《중종실록》[4]에까지 기록될 만한 범죄행각으로 전국적인 유명 인사가 되었다. 그는 남편과 간통한 남의 집 여종에게 수없이 매질을 하고 칼로 머리털을 잘랐다. 그것으로 모자라 빗으로 얼굴을 긁기까지 했다. 그렇게 폭행을 당한 여종은 쓰러졌는데 사람들은 생사도 확인하지 않은 채 땅속에 묻었다. 사간원에서 조사해보니 매장될 당시 여종은 아직 의식이 있었다. 그런데도 송씨의 범죄를 숨기기 위해 여종을 땅속에 묻은 것이다. 여종을 죽도록 때린 송씨의 행동은 어떻게 보면 이해할 수 있다. 하지만 아직 죽지도 않은 사람을 땅에 묻은 것은 참혹한 일이다. 그래서 정부는 사건에 대한 수사에 착수했다.

송씨 부인에 의해 손가락이 잘린 여종이나 땅속에 묻힌 여종의 사례는 노비들이 인권의 사각지대에 놓여 있었음을 보여준다. 그들은 주인이나 양반들이 가하는 사적 형벌로부터 무방비 상태에 있었다. 송씨가 남의 집 여종을 죽인 것은 간통에 대한 분노 때문이기도 하지만, 무엇보다도 노비를 사람으로 취급하지 않는 사회 분위기 때문이었다. 이들에 대한 가혹행위가 법적으로 문제가 되는 경우는 적었다. 대부분의 노비들은 손가락이 잘린 여종처럼 별다른 항변도 못 하고 그저 참는 수밖에 없었다. 설령 주인이 노비의 생명을 끊는 일이 있었다고 해도 집안에서 쉬쉬 하고 넘어가는 경우가 많았다.

이런 일이 있었다. 태조 이성계 때 문서를 관리하는 관청인 교서감校書監에 조직 내 서열 3위이자 정3품인 왕미王亹라는 관리가 있었다. 《태조실록》에 따르면,[5] 왕미의 집에서 여자 노비 하나가 그의 부인에 의해 살해됐다. 노비와 남편의 불륜을 알게 된 부인이 질투심을 이기지 못하고 살인을 범한 것이다. 보통의 경우 이런 사례는 잘 공개되지 않는다. 그런데 이 경우는 이성을 상실한 부인의 행동 때문에 사건이 세상에 알려지게 되었다. 여자 노비를 죽이고도 분이 풀리지 않았는지, 부인은 시신을 사람들이 오가는 길옆에 버린 것이다. 이 때문에 사건은 공개되었고 형조는 사법 절차에 착수했다. 이처럼 특별한 경우가 아니라면 사적으로 목숨을 잃은 노비의 억울함은 세상에 알려지기 힘들었다.

송씨가 저지른 두 번째 범죄처럼 남의 집 노비에 해를 끼친 경우는 그나마 세상에 알려질 수 있었다. 피해를 당한 노비의 주인이 가만히 있을 리가 없기 때문이었다. 물론 이런 경우도 피해자인 노비의 권익에 관심이 집중되지는 않았다. 노비주의 손해를 배상하는 것이 주안점인 경우가 많았다.

이렇게 기본적인 인간대접조차 받지 못한 조선 노비들의 지위는 물건이나 다름없었다. 그렇다면 서양의 노예와 비교할 때, 이들의 처지는 어땠을까? 노비는 노예와 같은 존재였을까? 아니면, 다른 존재였을까? 서양사에 나오는 농노와 비교해본다면 어떨까? 이런 의문을 풀기 위해, 노비와 노예·농노의 관계를 살펴보자.

노비와 노예·농노의 비교

대한민국이 세계 축구 4강에 오른 2002년 월드컵이 폐막되고 이틀이 지난 7월 2일이었다. 이날 서울 성균관대학교에서는 이 대학 동아시아학술원의 주최로 미국 최고의 한국학 전문가인 제임스 팔레 교수의 특강이 있었다. 하버드대학교에서 박사학위를 받고 워싱턴대학교에서 오랫동안 교수 생활을 했으며 지난 2006년에 작고한 인물이다. 특강이 끝난 뒤, 강의실을 나서면서 불만을 토로하는 한국 학자들이 있었다. "조선이 노예제 사회였다고?" 바로 이틀 전에 끝난 월드컵에서 자긍심이 한층 고양된 대한민국 수도 서울 한복판에서 제임스 팔레는 한국인들의 자존심을 긁을 만한 강의를 했던 것이다. 조선시대 특히 조선 후기는 노예제 사회였다는 것이 제임스 팔레의 지론이다. 그가 조선을 노비제 사회로 보는 근거는 한국학중앙연구원이 발행한 《정신문화연구》에 실려 있다. 이 학술지에 실린 인터뷰에서 그는 "전체 인구에서 노비의 비중이 30퍼센트를 훨씬 넘은 18세기 중반까지는 한국이 노예제 사회였던 것으로 봅니다"라고 말했다.[6]

제임스 팔레의 관점은 한국 학자들에게 상당한 거부감을 일으키고 있다. 한국 학자들의 반응은 '반발'이라고 표현할 만하다. 사실, 이런 반응은 엄밀히 말하면 학문적인 것이라기보다는 감정적인 것이라고 해도 좋을 것이다. 진리를 탐구하는 학자도 '국적'에서는 완전히 자유로울 수 없기 때문에, 자기 나라의 역사를 '야만적'인 노예제의 역사로 규정하는 데에 반발심을 갖지 않을 학자는 드물 것이다. 아무리 학술적 객관성을 유지하려 해도, 마음 한구석에서 생기는 묘한 거부감까지 부정할 수는 없을 것이다. 한국인 원로학자가 그런 말을 했다면 그런 대로 참아 넘길 수도 있겠지만, 외국인 학자가 한국 역사를 '그딴 식'으로 규정해버리는 것에 대해서는 누구라도 참기 힘들 것이다.

물론 외국인이 한국사를 연구하는 데는 한계가 있다. 한국인이 아니고서는 결코 이해할 수 없는 어떤 한계가 반드시 있기 마련이다. 한국사를 전공하지 않은 일반 한국인도 쉽게 알 수 있는 내용을, 한국사를 평생 연구한 외국인 학자도 모르는 경우가 있다. 이런 점을 생각하면, "제임스 팔레가 한국에 대해 대체 뭘 안다고!" 하면서 웃어넘길 수도 있다.

하지만 간과할 수 없는 점이 있다. 한국인이 아니라서 결코 알 수 없는 것이 있듯이, 한국인이라서 결코 알 수 없는 것도 있다는 점이다. 한국인이라서 결코 알 수 없는 '한국적인 것'은 외국인의 눈에 쉽게 포착된다. 이 점은 우리 주변에서도 잘 나타난다. 처음 만난 사람이 내가 생각하지도 못한 나의 특성을 한번에 파악하는 경우도 있지 않은가. 어떤 경우에는 제3자의 눈이 훨씬 더 정확할 수 있다. 그러므로 제임스 팔레의 견해를 무조건 배척하지 말고, 그의 말이 사실인지 아닌지 '과학적'으로 따져볼 필요가 있다.

이 문제와 관련하여 우리는 중대한 문제점을 갖고 있다. 우리는 노예니 노비니 농노니 하인이니 종이니 종복이니 하는 표현들의 차이를 과학적으로 규명하지 않았다. 그냥 막연히 사용했을 뿐이다. 착취의 정도가 아주 심하다 싶으면 노예란 표현을 사용하고, 노예보다 소금은 널하나 싶으면 노비란 표현을 사용하지 않나? 또 중세 유럽적인 냄새가 풍긴다 싶으면 농노라는 표현을 사용하지 않았나? 학자든지 일반인이든지 간에 이런 단어들을 사용할 때 우리는 엄밀한 과학적 태도를 견지하지 않았다. 그냥 특별한 생각 없이 사용했다 해도 과언이 아니다. 노비가 노예와 가까운지 농노와 가까운지를 판단할 때, 우리는 이런 개념들의 과학적 의미를 정밀하게 탐구하지 않았다. 그것은 우리가 인정하지 않을 수 없는 사실이다.

노예와 농노의 구분은 기본적으로 마르크스주의 경제학에서 유용한 것이다. 이 같은 구분은 카를 마르크스의 역사발전 5단계설 즉 '원시공산제 사회 → 고대노예제 사회 → 봉건제 사회 → 자본주의 사회 → 공산주의 사회'로의 역사적 이행을 설명하기 위해 필요한 것이었다. 그러므로 노예와 농노를 과학적으로 이해하려면, 마르크스가 분석 대상으로 삼은 서유럽 역사 속에서 노예와 농노가 어떤 형태로 존재했는지 파악하지 않으면 안 된다.

카를 마르크스와 프리드리히 엥겔스는 《공산당 선언》에서 "고대 로마에는 귀족과 기사, 평민과 노예가 있었고, 중세에는 봉건영주와 가신, 길드의 장인과 직인 그리고 농노가 있었으며, 또한 이러한 계급들에 종속된 계층이 있었다"고 말했다. 여기서 주목할 것은 마르크스주의에서 말하는 '노예제'는 로마제국의 노예제를, '농노제'는 중세 유럽의 농노제를 가리킨다는 점이다. 그러므로 조선의 노비가 노예와 농노 중 어느 것과 가까운지를 규명하려면, 로마제국의 노예제와 중세 유럽의 농노제를 살펴보지 않으면 안 된다.

로마제국의 노예제는 어떠했을까? 로마제국의 자유민들은 초기에는 보통 두세 명의 노예를 사용해서 농토를 경작했다. 대규모 농장에는 훨씬 더 많은 수의 노예가 사용되었다. 이들 노비는 기본적으로 전쟁을 통해 공급되었다. 전쟁을 통해 제국에 들어온 노예는 구매나 증여 등을 통해 자유민에게 제공되었다. 로마제국의 노예는 재산은 물론 가족도 가질 수 없었다. 그래서 막스 베버는 이들을 두고 '말하는 도구'라고 했다. 그는 가축에 대해서는 '반쯤 말하는 도구'라고 했다. 노비들은 재산도 가족도 아무것도 가질 수 없는 상황

속에서 로마제국의 생산을 담당했다.[7] 오늘날 대한민국의 국민총생산GNP이 주로 노동자에 의해 산출되듯이, 고대 로마의 국민총생산은 주로 노예에 의해 산출되었다.

중세 유럽의 농노는 어떠했을까? 농노의 이미지를 한마디로 정의하기는 어렵다. 오늘날의 노동자가 회사와 각양각색의 관계를 맺고 있듯이, 농노 역시 봉건영주와 한 가지만의 관계를 갖지는 않았다. 하지만 대략적 스케치는 가능하다. 농노는 '일반적'으로 절반의 토지 소유권을 보유한 농민이었다. 한국의 소작관계에서 볼 수 있듯이, 중세 유럽의 농지 소유권은 상급 소유권과 하급 소유권으로 구성되었다. 상급 소유권은 주로 교회나 세속의 봉건영주가 보유한 것으로서, 농지를 처분할 수 있는 권리를 의미했다. 하급 소유권은 주로 농노가 보유한 것으로서 농지를 이용할 수 있는 권리를 의미했다.[8] 하지만 단순히 이용권 차원에만 그치는 것은 아니었다. 이 권리는, 농노가 '내 땅'이라고 인식할 수 있을 정도의 것이었다. 대대로 특정 농지를 경작한 한국의 소작농들이 토지에 대한 법적 소유권은 갖지 못해도 '내 땅'이라는 인식을 가진 것과 마찬가지였다. 이렇게 농지에 대한 제한적 소유권을 가진 상태에서, 농노는 가족과 함께 농업생산에 참여했다. 물론 그들 중에는 토지에 대한 처분권까지 보유한 농노들도 있었다. 하지만 그 숫자는 상대적으로 미미했다. 로마제국의 노예가 재산도 가족도 없었던 것과 비교하면 중세 농노의 지위는 상당히 높아진 편이었다.

그럼 이들 중에서 조선시대의 노비와 가까운 쪽은 누구였을까? 생산수단인 토지와의 관계에 주목할 경우, 노예는 생산수단을 갖지 못했고, 농노는 제한적이나마 생산수단을 보유했다. 조선의 노비는 원칙상 토지소유권을 갖지 못했다. 하지만 외거노비의 경우에는 토지를 소유한 경우도 적지 않았다. 인격적 처우라는 점에 주목할 경우, 노예는 가족을 갖지 못한 데 비해 농노는 가족을 가졌다. 외거노비의 경우에는 가족과 함께 생활할 수 있었다. 이처럼, 노예와 유사한 노비도 있었고 농노와 유사한 노비도 있었다. 토지와의 관계에 주목하든 인격적 처우에 주목하든, 노비는 노예와 농노의 모습을 모두 갖춘 존재였다고 평가할 수 있다.

제임스 팔레 같은 외국인 학자는 노비가 농노보다는 노예에 좀더 가까웠다는 측면에 착안해서 조선을 노예제 사회로 규정했다. 하지만 노예제 사회라고 규정하기에는, 노비는 농노적인 모습도 많이 갖추고 있었다. 조선시대 노비는 노예와 농노 중 어느 하나로 규정할 수 없는, 양자의 모습을 골고루 갖춘 상당히 독특한 것이었다고 판단할 수 있다.

노비가 주인과 사회로부터 어떤 대우를 받느냐는, 개별 노비가 노예에 가까운지 농노에 가까운지에 크게 좌우되었다. 송씨의 여종처럼 솔거노비로서 노예에 가까울 경우에는 주인이 함부로 대하기 쉬웠지만, 박인수처럼 외거노비로서 농노에 가까웠을 경우에는 주인이 함부로 대하기가 힘들었다고 볼 수 있다.

신분 세탁으로 재상이 된 반석평

노비제도의 시작

노비 출신 재상, 옛 주인을 만나다

사극에서 미천한 신분의 어린애가 문밖이나 마루 끝에서 양반집 아이들의 글 읽는 소리를 들으면서 글을 배우는 장면을 종종 볼 수 있다. 이런 아이는 대부분 경을 친다. 야단을 맞거나 매를 맞고 "다시는 이런 짓을 하지 말라!"는 경고를 듣기 일쑤다.

그런 아이를 잘 거두어서 글을 가르치고 출셋길을 열어준 좋은 주인도 있었다. 이름을 알 수 없는 이 주인은 15세기에 재상을 지낸 인물이다. 그는 자기가 데리고 있는 꼬마 노비의 영특함에 주목했다. 조선 후기 실학자 이익李瀷이 남긴 《성호사설星湖僿說》에 따르면,[9] 이 재상은 어린 노비의 재주와 성품을 사랑하여 그에게 글을 가르쳤다. 관련된 이야기가 《어우야담》에도 실려 있다. 《어우야담》을 보면, 이 재상은 그 아이가 자기 아들이나 조카와 똑같은 자리에서 공부할 수 있도록 배려했으니 사극에 나오는 매몰찬 어른들과 달랐다. 아이가 노비 신분으로는 재주를 살릴 수 없다고 판단한 재상은 아이를 아들 없는 부자인 반서린潘瑞麟의 양자로 보냈다. 신분 세탁을 통해, 공부에 전념할 수 있는 환경을 만들어준 것이다. 이렇게 해서 재상가의 어린 노비는 입양된 후 반석평潘碩枰(?~1540)이란 이름을 갖게 되었다. 어린 아들을 부잣집 양자로 보내는 그 부모의 마음은 어땠을까.

반석평은 연산군燕山君 10년(1504)에 열린 소과¹⁰ 생원시험과 중종 2년(1507)에 열린 대과 문과시험에 합격했다. 그 뒤 그는 함경도에서 여진족을 방어하며 경력을 쌓았다. 함경남도¹¹ 병마절도사(지역 사령관, 종2품 차관급), 함경북도 병마절도사, 평안도관찰사, 공조·형조 판서 등을 지냈으며, 명나라에 사신으로 다녀온 적도 있다. 죽기 전에 임명된 마지막 관직은 지중추부사¹²였다.

반석평은 이렇게 잘나갔지만, 그를 밀어준 재상 가문은 그렇지 못했다. 주인집은 가세가 기울었다. 과거 합격자를 배출하지 못했

비천당 | 성균관의 별당이다. 성균관 유생들의 학습 장소였으며 또한 과거시험 장소로 사용되기도 했다. 서울시 종로구 명륜동 소재.

을 뿐 아니라 재상이 죽은 뒤에는 경제적으로 곤궁해져, 생활은 하층민과 다를 바 없었다. 그렇지만 반석평은 그들을 피하거나 무시하지 않았다. 초헌輻軒[13]을 타고 길을 가다 주인집 사람들을 만나면 얼른 내려 진흙길 위에서도 절을 했다.

품계가 오르자 반석평은 조정에 자신의 진짜 신분을 고백했다. 더불어 자기 관직을 박탈하고 주인집 가족들에게 관직을 줄 것을 요청했다. 신분이 드러난 반석평은 처벌을 받아야 마땅했지만, 조정에서는 특례를 인정했다. 또 그의 관직을 그대로 인정하고 주인집 가족들에게도 관직을 수여했다. 그의 의리와 솔직함을 높이 샀기 때문이기도 하겠지만, 그가 여진족 방비에 꼭 필요했기 때문이기도 했을 것이다.

유몽인은 반석평과 같은 인재를 발굴한 주인을 높이 평가했다. 그는 "주인집 재상은 편협하고 배타적인 마음을 과감히 없앴을 뿐 아니라 남의 훌륭함을 이루어주었다"고 하면서 "그런 인자함이 있었기에 남의 재능을 알아보고 선비를 얻을 수 있었다"고 말했다. 한편 유몽인은 반석평 같은 인재들이 등용되지 못하는 현실을 비관했다. 그는 "우리나라는 땅이 치우치고 삭아서 인재를 배출하는 것이 중국의 1,000분의 1도 안 된다"라면서, 그런 가운데서도 양인과 노비를 구분하기 때문에 인재 발탁이 더욱 더 어렵다고 말했다.

> 기자箕子가 남긴 법전에 국한되어, 노비가 된 자들에게는 벼슬길이 허용되지 않는다. 현명한 사람을 얻을 때 차별을 두지 않는 것은 삼대三代[14]의 훌륭한 법도였다. 그런데 우리나라에서는 벼슬을 못 하게 막는

것이 더욱 견고하니, 사대부들의 생각이 편협하고 배타적인 것이다.

우리가 주목할 대목이 있다. 유몽인은 '기자조선' 이래의 노비제도가 인재등용의 걸림돌이라고 지적했다. 반석평 같은 인재들이 정상적으로 발탁될 수 없는 현실의 시발점이 기자조선이었다는 것이다. 비단 유몽인뿐 아니라 대부분의 조선시대 지식인들이 그렇게 생각했다. 하지만 과연 그러했을까? 노비제도는 과연 기자 때 생겨난 것일까?

노비제도의 기원

조선시대는 물론 오늘날까지도 많은 사람들은, 노비제도가 중국 은나라 왕족인 기자가 세운 '기자조선'에서 기원했다고들 말한다. 기자조선을 인정하든 부정하든, 우리는 노비제도가 기자에게서 기원했다고 볼 만한 근거가 별로 없다는 점에 주목해야 한다. 노비제도가 기자에 의해 창시되었다는 주장의 근거로 활용되고 있는《한서漢書》〈지리지地理志〉를 보면 그 점을 알 수 있다.

현도군·낙랑군은 (한나라) 무제 때에 설치됐다. 모두 조선·예맥·구려의 만이蠻夷들이다. 은나라의 운이 쇠퇴하자, 기자가 조선에 가서 백성들에게 예법·농사·양잠·직포를 가르쳤다. 낙랑군의 조선 백성들에게는 범금팔조犯禁八條(팔조법금)가 있었다. 살인한 자에 대해서는 즉시 사형으로써 되갚도록 했다. 상해에 대해서는 곡식으로 배상하도록 했다. 훔친 자에 대해서는, 남자인 경우에는 잡아들여 가노家奴로 삼고 여자인 경우에는 비婢로 만들며, 벗어나기를 원하는 경우에는 50만을 내도록 했다.

여기, 고조선의 법률인 팔조법금八條法禁 중 세 개가 있다. 그중 세 번째가 노비에 관한 것이다. 절도범을 노비로 삼는다고 했다. 절도 전과자가 노비 신분에서 벗어나고자 할 경우에는 50만을 지급해야 한다고 했다. 그런데 이런 제도가 기자 이후에 창시되었다고 볼 만한 근거가 명확치 않다. 현도군·낙랑군·대방군·임둔군 같은 한사군이 설치될 당시 조선 유민들 사이에 팔조법금이란 제도가 있었다고 했지, 그것이 기자에 의해 창시되었다고는 하지 않았다. 그러므로《한서》〈지리지〉에서는 고조선에 노비제도가 있었다는 점만 알 수 있을 뿐, 그것이 기자에게서 유래한 것인지는 알 수 없는 것이다.

물론《삼국지三國志》위서魏書 편 〈동이전〉에서는 기자가 조선에 가서 팔조법금을 만들었다고 말했다.《후한서後漢書》〈동이전〉에서도 마찬가지다. 하지만《삼국지》나《후한서》는《한서》보다 뒤에 나온 사료다. 두 책의 편찬자들은 고조선에 관한 한《한서》를 참고할 수밖에 없었다.《한서》에는 기자가 팔조법금을 제정했다는 기록이 없는데도《삼국지》나《후한서》에 그렇게 기록됐다는 것은, 두 사료의 편찬자들이《한서》내용을 잘못 이해했거나 확대해석한 결과라고밖에 볼 수 없다. 그러므로 노비제도가 기자로부터 시작됐음을 입증할 만한 근거는 없다고 보아야 한다. 분명한 것은, 언제부터인지는 확정할 수 없지만 고조선 시대에 이미 노비제도가 존재했다는 사실뿐이다. 중국에서 건너온 유교를 신봉한 조선시대 지배층은 노비제도를 포함한 상고문화를 어떻게든 중국과 연결시키려 했지만, 그렇게 볼 만한 근거는 충분하지 않다.

주의할 것이 있다. 《한서》〈지리지〉에서는 고조선의 절도범들이 노비로 전락했다고 했지만, 그것이 노비의 발생 원인을 완전히 설명해주는 것은 아니다. 고대에는 전쟁이나 정변의 패배자 쪽에서 노비가 대거 양산됐다. 또 팔조법금에서 절도의 형식으로 사유재산권을 침해한 사람을 노비로 전락시킨 사실을 통해, 여타의 형식으로 재산권을 침해한 사람들 중에서도 노비로 전락하는 이들이 있었으리라 추정할 수 있다. 예컨대 상당 액수의 채무를 이행하지 않은 사람도 노비로 전락했으리라 충분히 생각할 수 있다. 팔조법금의 노비제도는 실상의 일부를 보여주는 것에 불과할 것이다. 이와 같은 고조선의 노비제도는 부여에도 계승됐다. 《삼국지》〈동이전〉에서는 부여에 대해 이렇게 기술했다.

> 형벌을 적용할 때는 엄하고 신속하게 한다. 사람을 죽인 자는 처형하고, 살인자의 가족은 잡아들여 노비로 삼는다. 물건을 훔치면 열두 배로 배상해야 한다. 남녀가 간통을 하거나 아내가 질투를 하면 모두 사형에 처한다.

부여에서는 살인자의 가족을 노비로 삼았다. 살인 외에 절도의 경우에도 노비가 발생했을 가능성이 있다. 물건을 훔치고 열두 배로 배상하지 못할 경우, 그 물건이 고가였을 때는 범죄자를 노비로 전락시켰을 가능성이 있다. 이 외에, 전쟁·정변·채무불이행으로 노비가 된 사람들 역시 이 시기에 당연히 존재했을 것이다.

노비제도는 고구려·백제·신라·가야에도 존재했다. 이들 왕국들이 노비를 확보하기 위해 벌인 노력이 《삼국사기》에 나타나 있다. 이 책을 읽다 보면, 고대 왕국들이 노비 숫자를 늘리기 위해 전쟁을 벌인 정황들을 쉽게 포착할 수 있다. 영토뿐 아니라 백성을 확보할 목적으로도 전쟁을 일으켰던 것이다. 정확히 말하면, 자국 토지를 개간할 백성들을 얻을 생각으로도 군사를 일으켰다.

예컨대, 《삼국사기》〈신라 본기〉에서는 진평왕 49년 7월(627. 8. 17.~9. 14.)에 "백제 장군 사걸沙乞이 서쪽 변경의 두 성을 공략하고 남녀 300여 구口를 노획했다"고 했다. 같은 책 〈고구려 본기〉에서는 미천왕 3년 9월(302. 10. 8.~11. 6.)에 "왕이 군대 3만을 이끌고 현도군을 침공하여 8,000명을 포획해 평양으로 옮겼다"고 했다. 이런 사례는 《삼국사기》에서 자주 발견할 수 있다. 이 경우 전쟁을 벌인 목적은 땅을 빼앗기 위해서가 아니라 노동력을 빼앗기 위해서였다. 현도군 포로 8,000명을 평양으로 옮겼다는 것은, 이들을 동원해서 평양이나 그 인근의 토지를 개간하기 위함이었다. 평양 주변의 노동력 부족 사태를 해소하는 데 전쟁의 목적이 있었던 것이다. 이렇게 전쟁 포로로 끌려간 사람들이 새로운 나라에서 받게 될 지위는 노비밖에 없었다.

전쟁을 통한 노비 확보는 또 다른 양상으로도 이루어졌다. 전승

국이 새로 획득한 상대국의 군·현을 그대로 자국의 군·현으로 인정하는 때도 있었지만, 상대국의 군·현을 자국의 천민집단 즉 향鄕·부곡部曲 수준으로 전락시킬 때도 있었다. 후자의 경우 향·부곡 주민이 집단적으로 노비 신세로 전락했다.[15]

전쟁을 통한 노동력 확보는 그 당시가 농업 사회였기에 가능한 일이었다. 오늘날에는 국가마다 공업기술 수준이 상이하기 때문에 외국 노동자들을 무분별하게 수용할 수 없다. 하지만 농업의 경우에는 기술 차이가 상대적으로 적기 때문에, 일국의 농민이 타국의 농토를 경작하는 데 별다른 무리가 없었다. 그래서 고대 왕국들은 외국 노동력을 빼앗아 자국 농토에 배치하기 위해 전쟁을 자주 벌였던 것이다. 이런 과정에서 노비들이 대규모로 양산되었다. 이렇게 노비로 전락한 사람들이 고려시대 및 조선시대 노비의 기원이 되었다.

노비가 된 경혜공주
노비의 성립 원인

노비로 추락한 단종의 누나

단종은 조선시대 임금 중에서 가장 불쌍하고 가여운 이로 기억되고 있다. 어린 나이에 부모를 잃고 왕위에 올라 삼촌에게 왕위도 빼앗기고 목숨도 빼앗긴 그 짧은 삶은 오늘날까지도 두고두고 대중의 동정심을 자아내고 있다. 그런데 단종 못지않게, 아니 어쩌면 단종보다 더 기구한 운명을 겪었을 한 여인이 있다. 단종의 누나, 경혜공주敬惠公主다. 역사의 주목을 받지는 못했지만, 삶의 궤적을 살펴보면 그의 생도 한없이 불쌍하고 가엽다는 느낌을 지울 수 없다. 공주는 단종처럼 살해를 당하지는 않았다. 하지만 때로는 죽는 것보다 사는 게 더 힘들 때도 있다. 공주의 삶이 바로 그러했다.

세종의 친위기구인 집현전에서 활약한 인물 중에 이승소李承召란 이가 있었다. 세종이 죽기 3년 전에 과거에 급제하고 집현전에 합류한 사람이다. 그가 남긴 시문집인《삼탄선생집三灘先生集》에 〈경혜공주 묘지墓誌〉가 수록되어 있다. 이에 따르면, 공주는 세종이 왕위에 있을 때인 1436년에 세자 이향李珦(훗날의 문종)과 권씨(훗날의 현덕

광화문 | 광화문은 경혜공주의 어린 시절 추억이 깃들어져 있는 경복궁의 남쪽 정문이다. 서울시 종로구 세종로 소재.

왕후) 사이에서 태어났다. 아버지가 왕이 아닌 세자인 데다가 어머니가 세자의 첩이었기 때문에, 출생 당시의 경혜공주는 공주가 아니었다. 세자의 정실부인, 즉 세자빈이 낳은 딸에게는 정2품 군주郡主, 세자의 첩이 낳은 딸에게는 정3품 현주縣主라는 작위를 수여했다. 그것도 출생 직후 곧바로 작위를 주는 게 아니라, 보통은 일곱 살 이후에 작위를 수여했다. 경혜공주는 '현주'였다.

시작은 비록 첩의 딸로 했지만, 어린 공주의 운은 나쁘지 않은 편이었다. 두 살 때, 어머니가 세자빈으로 승격되면서, 동궁전 즉 세자의 처소인 경복궁 자선당資善堂에서 생활했다. 어린 소녀는 아버지가 왕이 되면 공주가 될 수 있다는 꿈을 안고 살았다. 여섯 살 때 어머니가 동생(훗날의 단종)을 낳자마자 죽는 바람에 궁을 떠나게 됐지만, 이때도 그의 삶에는 별 문제가 없었다. 이 무렵부터는 정2품 평창군주平昌郡主란 작위를 받고 그에 따른 특권과 대우를 향유했다.

하지만 할아버지 세종의 건강이 악화되기 시작한 열네 살 때부터 경혜공주의 삶은 복잡해지기 시작했다. 그가 열다섯 살이 되어도 세종이 회복될 기미가 보이지 않자 왕실에서는 그의 혼사를 서둘렀다. 만약 세종이 사망한다면 삼년상 동안은 혼인할 수 없기 때문이었다. 정확히 말하면, 윤달을 제외하고 25개월 동안은 혼인할 수 없었다. 삼년상의 기간은 36개월이 아니라 윤달을 제외한 25개월이었다. 윤달이 있으면 25개월보다 길어졌다. 왕실의 식구들은 보통 10대 초반에 결혼했기 때문에, 삼년상을 치를 경우 경혜공주는 '노처녀'가 될 수밖에 없었다. 그래서 왕실에서 급히 얻은 배우자는 전 한성부윤 정충경鄭忠敬의 아들인 정종鄭悰이었다. 한성부윤은 오늘날로 치면 서울시장이다. 《세종실록》에 따르면, 공주와 정종은 세종 32년 1월 24일(1450. 2. 6.) 결혼했다. 이때 공주는 열다섯 살이었다.

그런데 살림집을 장만하기 전인 같은 해 2월 17일(1450. 3. 30.) 세종이 그만 눈을 감았다. 결혼 직후에 할아버지가 사망했으니, 살림집 준비는 일단 멈출 수밖에 없었다. 이들이 살림집을 마련한 것은 세종의 소상小祥(사망 1주기 의식)이 끝난 뒤였다. 이때 경혜공주의 신분은 공주였다. 아버지가 왕이 된 뒤였기 때문이다. 공주의 불운은 이것으로 그치지 않았다. 할아버지의 삼년상을 끝내고 한 달 뒤에 아버지 문종마저 쓰러진 것이다. 문종의 입장에서는 아버지의 삼년상은 끝내고 눈을 감게 되었으니 마음이 편했을지 모르지만, 공주의 입장에서는 할아버지의 삼년상에 이어 아버지의 삼년상까지 치러야 했으니 이루 형언할 수 없는 슬픔을 겪었을 것이다. 이때 그의 나이 열일곱 살이었다.

그러나 그의 불운은 끝나지 않았다. 아버지의 삼년상이 끝나지도 않은 상황에서 숙부 수양대군首陽大君(훗날의 세조)이 쿠데타 계유정난癸酉靖難(1453)을 일으켰기 때문이다. 이로써 공주의 동생 단종은 허수아비 임금으로 전락했다. 이때 공주는 열여덟 살이었다. 운명은 공주의 편이 아니었다. 2년 뒤인 스무 살 때, 공주는 숙부 수양대군이 임금이 되고 동생이 상왕으로 '승격'되는 '기쁨'을 누리는 동시에, 남편인 정종이 강원도 영월로 귀양 가는 '슬픔'을 맛봐야 했다. 정종이 귀양을 간 것은, 그가 단종을 감싸고도는 숙부 금성대군錦城大君(수양대군의 동생)과 친했기 때문이다. 정종의 유배지는 영월에서 경기도 양근(지금의 양평군 일부), 한성,[16] 수원 및 김포로 변경됐다. 유배지가 수원으로 바뀐 뒤부터는 공주도 남편과 동행했다.

세조 집권 뒤에 발생한 사육신 사건(1456)은 운명이 공주의 편이 아님을 한층 더 입증했다. 단종의 복위를 꾀한 이 사건으로 공주의 동생 단종은 상왕에서 왕자급인 노산군魯山君으로 강등된 상태에서 영월로 유배를 가고, 남편 정종은 전라도 광주로 귀양지를 바꾸게 되었다. 단종은 이듬해에 죽고 정종은 단종이 죽은 때로부터 4년 뒤에 죽었다. 정종은 시신을 토막 내는 능지처참에 처해졌다. 이렇게 부모도, 동생도, 남편도 모두 잃은 공주의 나이는 스물여섯 살이었다.

하지만 그에게는 내놓아야 할 것이 더 있었다. 바로 공주 신분과

사육신묘 사당 내부 | 사육신 사건 이후 경혜공주는 하루아침에 관노비로 전락했다. 서울시 동작구 노량진동 소재.

자유인 신분이었다. 《연려실기술練藜室記述》에 따르면, 그는 남편이 죽은 뒤 전라도 순천부의 노비가 되었다. 한 나라의 공주가 하루아침에 관노비로 전락한 것이다. 당시 그에게는 여섯 살짜리 아들 정미수鄭眉壽와 배 속의 딸이 있었다. 만삭의 몸으로 아들의 손을 잡고 순천으로 떠났다. 순천부사 여자신呂自新이 진짜로 노동을 시키려 하자, 공주가 수령 집무실인 동헌에 들어가 의자에 앉으면서 "나는 왕의 딸이다. 죄가 있어 귀양을 왔지만, 수령이 어찌 감히 내게 노비의 일을 시킨단 말이냐?"며 호통을 친 일화가 《연려실기술》에 기록되어 있다.

그를 점입가경의 파멸로 몰아세우던 운명의 신은, 벼랑 끝에서 갑작스레 상황을 종결지었다. 임신하고 애 딸린 공주에게 너무 심한 것 아니냐는 여론을 우려한 수양대군(당시는 임금)이 공주를 사면하고 한성으로 부른 것이다. 한성으로 돌아온 공주는 두 아이를 왕궁에 맡기고, 자신은 비구니가 되었다. 남편 잃은 후궁을 포함한 왕실 여인들이 여생을 보내는 비구니 사찰이 한성에 몇 곳 있었다. 그는 그곳 어딘가에서 여생을 보내다가, 수양대군의 손자인 성종이 재위할 때 세상을 떠났다. 그의 나이 서른여덟 살이었다.

동생 단종도 기구한 삶을 살았지만, 경혜공주는 그에 못지않은, 어쩌면 보다 더 기구한 삶을 살았다고 할 수 있다. 왕실에 삼년상이 겹치는 상황 속에서 그의 결혼 생활은 꼬였고 동생 단종도 비운에 빠졌다. 그는 숙부가 동생과 남편을 차례로 죽이는 것을 목도했고, 한때 노비로 전락했다가 사면된 뒤에는 비구니로 일생을 마쳤다. 공주란 위치는 세상의 모든 것을 다 가질 수 있는 자리처럼 여겨진다. 실제로도 경혜공주는 한때 모든 것을 다 갖는 것 같았다. 하지만 왕실의 연이은 비극 속에서 그는 짧은 시간 내에 모든 것을 빼앗기고 한과 설움을 안은 채 세상과 이별했다. 그의 비극은 단종의 비극 뒤에 가려져 있지만, 어찌 보면 그의 비극이 훨씬 더 서글프고 참혹한 것인지도 모른다.

노비로 추락하는 사람들

사주를 보면 관운官運이란 말이 나온다. 관운은 현대적으로 풀이하면 리더가 되는 운이다. 물론 관운을 타고났다고 곧바로 리더가 되는 것은 아니다. 리더가 되려면 무엇보다 많은 노력이 필요하다. 많은 사람들이 리더가 되고자 리더십을 공부하고 있다는 사실이 그 점을 반영한다.

태어나면서부터 남을 지배하는 데 익숙한 인간도 존재하지 않고, 태어나면서부터 남의 지배를 받는 데 익숙한 인간도 존재하지 않는다. 물론 관운을 타고난 사람들도 있다. 하지만 그들은 남보다 우위에 설 수 있는 가능성을 타고났을 뿐이지, 리더가 될 수 있는 자격과 능력을 갖고 태어난 것은 아니다. 지배자나 피지배자의 기질은 후천적 학습의 결과물일 뿐이다. 그러므로 특별한 사유가 없는 한, 인간은 다른 인간을 노비로 부리기도 쉽지 않고 다른 인간의 노비가 되려고도 하지 않는다. 그렇기 때문에 별다른 명분도 없이 남을 노비로 부리려면, 상대방의 저항도 걱정해야 하고 양심의 가책도 두려워해야 한다.

그런데도 오랫동안 노비제도가 유지된 것은, 특정 사회에서 '비非인간', 즉 인간 취급을 받지 못하는 사람들이 노비로 충원되었기 때문이다. 전쟁터에서 붙잡힌 포로들, 중범죄를 지은 죄인들, 빚을 갚지 못한 채무자들처럼 사회적으로 불리한 사람들이 인간만도 못한 존재로 취급되었고, 그런 이유 때문에 그들이 짐승처럼 부려질 수 있었다. 노비주의 입장에서는 그들을 착취하는 데서 생기는 양심상 가책을 느낄 필요가 없었다. 또 노비주는 그들의 저항을 크게 걱정할 필요가 없었다. 그들의 저항을 차단해주는 사회적 공감대나 공권력이 존재했기 때문이다. 그런 분위기 속에서는 노비도 자신의 처지를 스스로 합리화할 수밖에 없었다. 사회적으로 자신의 처지가 공인되다 보니, 어디 가서 하소연하기도 쉽지 않고 동일한 처지에 있는 사람들을 규합하기도 힘들었을 것이다.

 노비와 같은 존재라고는 볼 수 없지만 17~19세기의 일본 천민들이 '히닌(非人)'이라 불린 것도 동일한 맥락에서 이해할 수 있다. 히닌은 사람이 아닌 존재라는 의미다. 당시 일본인들은 '저들은 사람이 아니야!'라며 그들에 대한 차별을 합리화했다. 노비에 대한 차별 역시 '비인간'으로 선고된 사람들을 대상으로 할 때나 가능했던 것이다. 이런 데서 나타나듯이, 인류 사회에서는 동등한 인간을 노예로 부리는 것을 정당화하는 논리가 아직 등장하지 않았다. 어느 사람이 인간도 아닌 존재라고 인정될 때만 그 사람을 노예로 부릴 수 있는 것이다.

 비인간의 유형에 관해 앞에서 개략적으로 살펴보았다. 전쟁포로·중대범죄자·채무불이행자들이 노비로 전락했다. 남북국시대 이래 한반도에서 전쟁이 급감했을 뿐 아니라 한반도가 외부를 상대로 정복전쟁을 단행한 경우도 별로 없기 때문에, 그 후로는 전쟁포로 출신의 노비들이 충원되는 경우가 적을 수밖에 없었다. 조선시대도 마찬가지다. 그래서 조선시대에는 주로 중대범죄자와 채무불이행자들이 '신규 노비'로 충원되었다.

 중대범죄 중에서도 역모죄는 신규 노비의 '산실'이었다. 이런 경우에 많은 사람들이 떠올리는 관념이 있다. 바로 '반역을 하면 구족을 멸한다'는 것이다. 과연 그랬을까? 조선시대 법전의 총결판인 《대전회통大典會通》의 관련 규정을 찬찬히 뜯어보자. 《대전회통》〈형전刑典〉에서는 "병력을 동원한 역적 수괴의 형제와 처첩은 모두 연좌해서 사형에 처한다"고 하면서 "병력을 동원하지 않은 경우에는 본률本律에 의한다"고 했다. '본률'이란 《대명률직해大明律直解》를 가리킨다.

조선의 형법은 기본적으로 명나라 형법인 대명률大明律을 차용했다. 대명률은 당나라 형법인 당률唐律을 차용한 것이다. 그런데 조선에서 대명률을 그대로 차용할 수는 없었다. 조선과 중국의 실상이 맞지 않았기 때문이다. 그래서 대명률을 이두로 번역하면서 일부를 수정했다. 그렇게 해서 1395년에 나온 것이 《대명률직해》다.

《대명률직해》에서는 병력을 동원하지 않은 역모죄를 어떻게 다루었을까? 《대명률직해》 〈도적〉 편에서 이 문제를 다루었다. 역모도 도적의 일종으로 간주했기에 이 문제를 〈도적〉 편에서 다룬 것이다. 이에 따르면, 종묘사직의 권위에 도전하는 범죄인 모반대역謀反大逆을 범한 사람의 할아버지·어머니·처·첩·형제자매·딸·손자·열다섯 살 이하의 아들, 아들의 처·첩은 노비로 삼는다고 했다. 또 나라를 배반하고 외국과 내통하는 범죄인 모반謀叛을 범한 사람의 처·첩·자녀는 노비로 삼는다고 했다. 경혜공주의 남편인 정종은 금성대군과 함께 모반대역을 범했다. 경혜공주는 '모반대역을 범한 사람의 처는 노비로 삼는다'는 《대명률직해》 규정에 따라 순천부 노비로 전락했던 것이다. 역적의 구족을 멸했다는 말들을 흔히 하지만, 실제로는 노비로 삼는 경우가 많았다.

중대범죄 중에서 강도죄 역시 신규 노비의 산실이었다. 《대전회통》 〈형전〉에서는 "강도의 처자식은 소재지 고을의 노비로 영구히 삼는다"고 했다. 강도 범죄자의 부인과 자식을 거주지의 관노비로 삼았던 것이다. 남편이나 아버지가 강도죄를 범했다면, 그 가족은 노비가 되지 않기 위해서라도 야반도주를 하는 편이 훨씬 더 나았을 것이다.

중대범죄보다 더 많은 노비를 생산한 것은 채무불이행이었다. 북한의 역사학자 김석형은 "노비 아닌 농민이 몰락하여 남의 노비로 전락하는 실례는 '범죄'로 노비가 되는 경우보다 훨씬 많았다"고 했다. 범죄보다는 파산이 노비 전락의 주된 원인이었던 것이다. 양인의 채무불이행과 파산을 초래한 '원흉'은 주로 고리대였다. 중대범죄만으로는 나라 전체에 필요한 노비 수요를 온전히 채울 수 없었기에, 고리대에 의한 파산 등의 방식으로도 노비를 만들어냈던 것이다. 많은 지주들이 이런 방식으로 노동력을 확보했다. 역모죄나 강도죄 등으로 노비가 되는 사람들은 주로 관청이나 공신들에게 배

구속되는 죄인들 | 신해사옥 때 체포된 윤지충과 권상연의 모습을 재현한 모형으로 서울시 마포구에 있는 절두산순교박물관에 전시되어 있다. 서울시 마포구 합정동 소재.

속되었기 때문에, 일반 지주들로서는 고리대를 통해 노비를 확보할 수밖에 없었다. 노비를 필요로 하는 사회적 분위기가 고리대를 통한 노비 전락을 용인했던 것이다.

이런 현상을 압량위천壓良爲賤 혹은 억량위천抑良爲賤이라 한다. 양인을 압박 혹은 억압해서 천인으로 만들었다는 의미다. 실질적인 채무불이행이 있어야만 이런 현상이 발생할 수 있었던 것은 아니다. 채권채무가 없지만 그런 것이 있는 것처럼 위장해서 양인을 노비로 만드는 경우도 있었다. 이런 방법은 고관대작들이나 할 수 있는 것이었다.

압량위천 같은 방법으로 노비를 확보한 경우에는 관청에 신고해서 인증을 받아야 했다. 신청서에 해당하는 소지所志, 노비가 된 원인을 기록하는 명문明文, 노비주와 증인들의 진술을 기록하는 초사招辭를 제출해야 했다. 그러면 관청에서는 사실관계를 확인한 뒤 인증서에 해당하는 입안立案을 발급했다.[17] 이런 과정이 끝나면 노비주의 호적에 노비의 이름이 기재된다. 사극에서는 주인이 노비를 불러놓고 "너는 이제 자유!"라면서 장롱에 있는 노비문서를 찢거나 불태우는 장면이 자주 나온다. 그러면 노비는 환희의 표정을 지으며 기뻐 어쩔 줄 모른다. 하지만 실제로는 이것만으로는 부족했다. 관청에 가서 호적을 바꾸지 않는 한, 노비는 자유민이 될 수 없었다.

남대문 밖에 사는 정광필의 노비

노비의 유형

노비들을 위한 제사상

재상 문익공 정광필의 집은 남산 밑 회현방에 있었다. 그의 제삿날이었다. 늙은 하인이 남대문 밖에 살았는데 제사에 참석하기 위해 남대문에 당도했다. 하지만 문이 이미 닫힌지라 들어갈 수 없어서 문이 열리기를 기다린 다음에야 비로소 들어갔다. 다급히 걸어서 수각교에 도달했을 때였다. 갑자기 횃불 한 쌍이 앞에 보이고 어느 대신이 평교자(네 사람이 어깨에 메는 가마)를 타고 있었다. 하인이 파초선(파초 잎 모양의 부채)을 받들고 다가오고 있었다. 가까이 보니 바로 문익공이었다. 늙은 하인은 크게 놀라 공에게 달려가 인사를 올렸다. 공이 소매 속에서 배 하나를 꺼내어주니 두 손으로 받았다. 본가에 도착하니 제사는 이미 끝난 상태였다. 제사상에 배 하나가 없어서 모두들 놀랍게 생각하던 차였다. 늙은 하인이 소매 속에서 배를 꺼내 바치니 사람들이 다들 놀랐다. 문익공의 제삿날에는 하인들을 위해 문밖에 제사상을 차렸으니, 이것은 이때부터 시작된 것이다.

이 이야기는 《금계필담》에 나오는 내용을 원문 그대로 옮긴 것이다. 언뜻 보면 단순한 귀신 이야기 같지만, 이 속에는 노비 문제에 관한 여러 가지가 함축되어 있다. 정광필鄭光弼은 조광조 시대에 활약한 재상이다. 그는 성종 23년(1492)에 대과에 합격하고 관계에 진출했다. 연산군 10년(1504)에 '임금의 사냥이 너무 잦다'고 비판했다가 연산군의 미움을 받아 아산으로 유배되었으나, 중종반정 뒤 복귀해서 승승장구했다. 예조판서·병조판서·함경도관찰사·우의정·좌의정·영의정 등을 역임했다. 조광조가 처형될 때 구명운동을 벌였다가 좌천된 적이 있다. 그가 세상을 떠난 때는 중종 33년(1538)이다. 그는 죽는 순간까지도 관직을 갖고 있었다. 《금계필담》 속의 이야기는 그가 사망한 뒤의 일이므로, 이 이야기는 그가 46년간의 관직 생활을 마치고 죽은 1538년 이후에 벌어진 일을 소재로 한 것이다. 위 이야기 속에는 문제의 진상을 유추할 수 있는 단초가 몇 가지 있다.

　하나, 정광필의 노비 중 하나가 남대문 밖에 살았다.
　둘, 그 노비는 정광필의 제사에 참석해야 했지만, 제사가 끝난 뒤에야 도착했다.
　셋, 정광필 집안의 사람들은, 늦게 도착한 노비가 제사상에서 없어진 배를 갖고 있다는 것에 놀랐다.
　넷, 그 후 이 집안에서는 외거노비들이 제삿날에 집 밖에서 참배하고 돌아갈 수 있도록 허용했다.

위 네 가지는 이야기 속에 담긴 신비한 요소를 제외한 객관적 사실들이다. 늙은 노비가 남대문 밖에서 오랫동안 기다린 부분은 왜 열거하지 않는가 하고 궁금할 수도 있다. 이유는 간단하다. 위의 이야기는 본가에 사는 사람들에 의해 전해진 것이다. 그들이 확실히 인지할 수 있는 사실은 네 가지뿐이다.

그렇지만 늙은 노비가 남대문 밖에서 밤새 기다렸다는 부분과 급히 오는 도중에 정광필의 혼령을 만났다는 부분은 늙은 노비로부터 들은 것에 불과할 뿐 본가 사람들이 직접 인지한 것이 아니다. 그러므로 객관적으로 확실한 위의 네 가지 단초로 이 집안을 둘러싼 노비관계를 파헤쳐보자.

정광필은 46년간 관직 생활을 했을 뿐 아니라 영의정까지 지낸

남대문 | 방화로 소실되기 전 남대문 모습으로 남대문 복원공사 현장에 걸렸던 사진이다. 서울시 중구 남대문로 소재.

인물이므로, 정상적인 경우라면 그가 상당한 규모의 재산을 가졌으리라 짐작할 수 있다. 그가 한성 안에 살면서도 남대문 밖에 외거노비를 두었다는 사실은 그가 한성 주변에 토지를 갖고 있었음을 의미한다. 이 집안에 외거노비들이 많았다는 점은, 위의 사건을 계기로 노비들이 문밖에서 참배하고 갈 수 있도록 조치한 사실에서 확인할 수 있다. 왜 문밖에서 참배하고 가도록 했는지는 뒷부분에서 설명할 것이다.

이 집안의 외거노비들은 해마다 바치는 공물인 세공을 납부해야 했을 뿐 아니라 주인집의 제사에까지 참석해야 했다. 외거노비들은 후자를 상당히 번거롭게 여겼던 모양이다. 선물도 준비해야 했고 잡일도 거들어야 했기 때문일 것이다. 그들이 제사 참석을 귀찮게 여겼다는 점은 두 가지 사실에서 추론할 수 있다.

첫째, 늙은 노비가 고의로 지각한 것으로 보인다는 점이다. 제사가 거의 끝날 무렵인 새벽녘에 도착한 노비는 "저는 실은 어젯밤 남대문에 도착했습니다만, 성문이 닫혀 있어서 새벽이 되도록 기다렸습니다"라고 이야기했다. 무슨 제사를 새벽까지 지냈을까 하고 의아해할 수도 있지만, 옛날에는 밤늦게 제사를 시작해서 닭이 울 때쯤에야 제사를 끝냈다. 성문은 새벽 4시경 열고 밤 10시경 닫았으므로, 늙은 노비의 말대로라면 그는 밤 10시 이후부터 새벽 4시경까지 남대문 밖에서 기다렸다는 말이 된다.

하지만 그의 말은 사실이 아니었다. 제사상에서 사라진 배가 그의 소매 속에서 나왔다는 것은, 그가 주인집에 들어가기 전에 그 배를 입수했음을 의미한다. 다른 누군가가 제사상에서 배를 훔친 뒤문 앞에서 기다리고 있다가 늙은 노비에게 건넸다고밖에 볼 수 없다. 이는 두 사람이 미리 약속을 해두었음을 의미하는 것으로, 노비의 지각이 고의적인 것이었음을 알려주는 것이다. 그는 밤 10시경 남대문에 도착한 게 아니라, 새벽이 되어서야 자기 집에서 출발했던 것이다. 조선시대 사람들은 새벽부터 일을 했다. 대궐을 포함해서 관청의 출근 시각도 새벽이었다. 늙은 노비는 밤새 자기 집에서 잠을 자다가 평소 습관대로 새벽에 일어나 주인집에 갔던 것이다. 죽은 정광필의 혼령이 나타나서 배를 주고 갔다는 것은 지각에 대한 처벌을 피하기 위한 구실이었을 가능성이 높다. 오랫동안 이 집의 땅을 경작했을 늙은 노비는 제사를 거드는 게 귀찮아서, 본가에 사는 솔거노비의 협조를 얻어 일부러 제사가 끝날 때쯤 나타났던 것이다. 이렇게 이해하지 않으면 위의 에피소드는 허무맹랑한 귀신 이야기가 되고 만다.

둘째, 외거노비들의 제사 참석 의무가 경감되었다는 점이다. 정광필의 혼령이 집안에 있던 배를 들고 나가 외거노비에게 주고 갔다는 이야기는 '외거노비들은 제사를 위해 집 안까지 방문할 필요가 없다'는 정광필의 뜻을 보여주는 것으로 해석되었던 모양이다. 이 사건을 계기로 '외거노비들은 집 밖에 있는 제사상에서 참배를 하고 가면 된다'는 규칙이 생긴 것을 보면 알 수 있다. 이는 먼 데 사는 외거노비들과 주인집 사이에 제사 참석 문제를 놓고 그 전부터 갈등이 있었음을 보여주는 것이다. 그런 갈등이 있던 차에 늙은 노비의 사건이 이 문제를 해결하는 계기가 된 것이다. 위의 절충안은 주인의 체면을 고려한 것일 뿐, 실제로는 외거노비들의 참배 의무를 면제해준 것이라고도 볼 수 있다. 마음 약한 일부를 제외하고 대부분의 외거노비들은 그 후로는 정광필의 제사에 참석하지 않았을 것이다. 새벽에 집 밖에서 참배하고 갔는지 여부를 주인이 확인하는 것은 번거로운 일이기 때문이다. 정광필의 혼령이 늙은 노비에게 배를 주고 갔다는 이야기가 결국에는 외거노비들의 제사 참석 면제로 연결된 것을 보면, 이 이야기의 본질은 귀신 이야기가 아니라 외거노비들의 의무에 관한 것임을 알 수 있다.

이런 사례에서 알 수 있듯이, 어떻게 처신하느냐에 따라 외거노비는 솔거노비보다 훨씬 더 많은 자유를 누릴 수 있었다. 그러나 경우에 따라서 외거노비는 오히려 기존보다 훨씬 더한 자유의 박탈을 경험할 수도 있었다.

민담집인 《대동패림大東稗林》의 〈병후만록病後漫錄〉편에, 영조 임금 때 영의정까지 지낸 최규서崔奎瑞가 목격한 광경이 등장한다. 어느 외거노비가 자녀들을 상전의 솔거노비로 보내는 장면이었다. 최규서가 목격한 외거노비의 자녀들은 처음에는 부모와 마찬가지로 외거노비였으나 이제는 속박이 더 심한 솔거노비가 된 것이다.[18] 이는 주인과 노비의 관계가 일률적으로 전개된 게 아니라, 노비가 처한 상황에 따라 제각각의 양상으로 전개되었음을 의미하는 것이다. 노비의 처지를 이해하려면 그가 어떤 노비인가를 파악해야 하는 이유가 바로 여기에 있다.

공노비와 사노비

노비는 소유주가 국가냐 개인이냐에 따라 공노비와 사노비로 나뉘었다. 《성호사설》에서는 "나라 풍속에 따르면, 내노內奴·사노寺奴·역노驛奴·교노教奴 등의 부류는 공천公賤이라 하고, 사족士族과 서민의 노비는 사천私賤이라 한다"고 했다.[19] 여기서 내노·사노·역노·교노는 공천, 즉 공노비다.

'내노'는 왕실 재정부서인 내수사에 속한 노비다. 출궁한 왕자의 집에 사는 노비도 내노에 속한다. 왕실의 토지를 경작하는 노비도 마찬가지다. 왕실에 속한 궁녀나 내시도 크게 보면 내노에 속하지만 이들은 별도로 분류되었다.

조선의 관청 | 사진은 몽골 침략기에 고려 왕궁으로도 사용되기도 한 강화유수부다. 유수부는 오늘날의 광역시에 해당한다. 인천시 강화군 강화읍 소재.

'사노'는 중앙관청의 노비다. 한자를 보면 사찰에 속한 노비를 뜻할 것 같지만, 사실은 중앙관청의 노비를 뜻한다. 여기에는 두 가지 이유가 있다. 오늘날에는 사寺 자가 절을 가리키는 데만 사용되지만, 과거에는 절뿐 아니라 중앙관청을 지칭하는 데도 사용되었다. 두 번째 이유는 조선 건국세력이 억불정책을 통해 불교 재산을 몰수했는데, 이 과정에서 고려시대의 사찰에 속한 노비들이 공노비로 대거 편입되었기 때문이다. '역노'는 역참에 속한 노비, '교노'는 향교 같은 교육기관에 속한 노비였다. 앞에서 설명한 성균관 노비도 이런 부류에 속했다고 할 수 있다. 이 외에도 공노비에는 읍노·읍비, 즉 지방 관청의 남녀 노비도 포함되었다.

"사족과 서민의 노비는 사천이라 한다"고 했다. 이들은 사노비였다. 사족이란 사대부 가문을 지칭한다. 주의할 것이 있다. 이 문장을 무심코 읽으면 양반의 노비와 평민의 노비를 따로 구분했다고 생각할 수 있다. 하지만 그렇지 않다. 많은 사람들은 '사족' 하면 양반부터 떠올린다. 하지만 정확히 말하면 사족은 서민의 반대 개념이다. 서민은 국가로부터 공적 지위를 받지 못한 사람들이고, 사족은 그런 지위를 받은 사람들이었다. 국가로부터 관직이나 작위를 받은 사람들을 사족이라 했던 것이다. 그럼, 사족과 양반은 같은 것이 아닌가? 조선 초기에는 문관과 무관을 합해서 양반이라 했다. 이때만 해도 양반은 국가로부터 관직 혹은 작위를 받은 사람들을 지칭했다. 그러므로 조선 초기만 해도 양반은 사족과 같은 개념이었다. 그러나 시간이 흐름에 따라 양반은 중앙이나 지방의 명문가를 가리키는 개념으로 변질됐다. 그래서 16세기가 되면 사족과 양반은 서로 일치되지 않았다. 그러므로 "사족과 서민의 노비는 사천이라 한다"고 할 때의 사족이란 양반을 가리키는 게 아니다. 여기서 말하는 사족의 노비는 현재 관직이나 작위를 갖고 있는 사람의 노비를 가리키는 개념이다.

사노비와 공노비 중 어느 쪽이 더 힘들었을까? 《성호사설》에서는 "사천의 부역은 공천보다 중할 뿐 아니라 …… 이 땅에서 사천만큼 불쌍한 것도 없다"고 했다. 노비의 의무를 규정한 법전 조항들은 대부분 공노비에 관한 것이다. 그래서 언뜻 보면 공노비가 사노비보다 훨씬 더 많은 부담을 진 것 같다. 하지만 사노비가 부담한 관습상의 의무는 공노비보다 훨씬 더 컸다. 사노비는 정변이 발생하면 경우에 따라 주인의 사병 역할까지 하는 경우가 많았다. 고려 말과 조선 초에 권세가들이 보유한 사병은 거의 다 사노비들이었다. 정광필의 노비들이 주인집 제사 때마다 부담을 느낀 것에서 알 수 있듯이, 사노비들은 공식적 의무 외에도 이러저러한 자질구레한 의무까지 함께 부담해야 했다. 공노비의 의무는 법전에라도 규정되었지만 사노비의 의무는 당사자 간에 정해졌으니 사노비의 부담이 훨씬 더 무거울 수밖에 없었던 것이다. 공노비와 사노비의 부담이 구체적으로 어떠했는지는 노비의 의무를 다루는 항목에서 자세히 설명할 것이다.

선상노비·납공노비와 외거노비·솔거노비

공노비는 선상노비와 납공노비로 세분됐다. 선상노비는 뽑혀진, 즉 선상選上된 노비를 의미한다. 선상노비는 《경국대전》에서 호수戶首란 용어로도 표현되었다. 납공노비는 납공納貢, 즉 공물 납부의 의무를 지는 노비를 의미한다. 이 둘을 가르는 기준은, 노비의 부담이 무형의 서비스냐 유형의 물건이냐에 있다. 관청에 나가서 노동력을 제공하면 선상노비이고, 관청에 나가지 않고 현물을 제공하면 납공노비였던 것이다.

납공노비에 관해 《경국대전》〈호전戶典〉에서는 이렇게 규정했다. 이 규정은 본문과 주석으로 구성되어 있다.

> 본문: 외거노비는 선상選上 및 잡고雜故를 제외하고 열여섯 살 이상 예순 살 이하인 경우에는 공물을 거두되 사섬시司贍寺에 납부하도록 한다.
>
> 주석: 노奴는 면포 한 필과 저화楮貨 스무 장을 내도록 하고, 비婢는 면포 한 필과 저화 열 장을 내도록 하되, 만약 명주나 정포正布(고급 면포)로 대납하고자 할 경우는 이를 허용한다.

여기서 말하는 외거노비는 솔거노비의 반대 개념이 아니다. 경거노비京居奴婢, 즉 한성에 거주하는 관노비의 반대 개념으로, '지방에 사는 관노비'를 가리키는 말이다. '잡고'는 신체불구 등의 사유로 노비의 의무를 이행할 수 없게 된 사람을 가리킨다. 위 조항에 따르면, 선상노비와 잡고노비를 제외한 열여섯 살 이상 예순 살 이하의 지방 관노비는 면포와 저화(지폐)를 사섬시에 납부해야 했다. 국유지를 경작하는 관노비라면, 연말에 수확물을 면포와 저화로 바꾸어서 사섬시에 내야 했다. 사섬시란 저화의 유통과 보급을 촉진하기 위해 태종 때 설치된 관청이다. 면포와 저화를 납부하는 것으로써 법적 의무를 충족했기 때문에 이들은 납공노비라 불렸다.

선상노비에 관해 《경국대전》 〈형전〉에서는 이렇게 규정했다.

한성과 지방에서 복무하는 노비(선상노비)에게는 공물을 면제하고 봉족奉足 두 명을 부여한다. 호수戶首는 봉족에게서 매년 면포와 정포 각 한 필을 거둔다. 서울에서는 2교대로 돌아가며 복무하고, 지방에서는 7교대로 돌아가며 뽑아 올린다.

호수, 즉 선상노비는 공물을 납부하지 않는 대신, 관청에 가서 노동력을 제공해야 했다. 관청에서 실무나 잡일을 처리했던 것이다. 한성에서는 2교대로 한 번씩 호수가 되었고, 지방에서는 7교대로 한 번씩 호수가 되었다. 평소에는 생업에 종사하다가, 자기 순번이 되면 관청에 줄퇴근했던 것이다.

선상노비의 복무에 소요되는 경비는 봉족이 지급하도록 했다. 봉족이 선상노비의 생활비를 책임지도록 한 것이다. 봉족은 면포나 정포를 납부해야 한다는 점에서는 납공노비와 다를 바 없었지만, 사섬시에 납부하는 게 아니라 선상노비에게 지급한다는 점에서 납공노비와 달랐다. 납공노비 중의 일정 수가 봉족이 되었다고 보면 된다. 납공노비는 면포 한 필과 저화 스무 장 혹은 열 장을 납부한 데 비해 봉족은 면포와 정포 한 필만 납부했으므로, 봉족이 된 납공노비가 그렇지 않은 납공노비보다 부담을 덜 진 셈이다.

선상노비는 봉족의 지원을 받았지만 모두가 그랬던 것은 아니다. 《경국대전》〈형전〉의 또 다른 조항에서는 "전체 고을의 읍노비에게는 봉족이 없다"고 했다. 읍노비는 군이나 현의 노비를 가리킨다. 군현 단위의 선상노비는 스스로 비용을 충당하도록 한 것이다. 봉족의 지원을 받을 수 있는 선상노비는, 군현보다 상위의 지방 조직 혹은 행정관청에 속한 관노비들이었다.

선상노비에게 두 명의 봉족을 붙인 것을 두고, 국가가 이들을 경제적으로 배려했다고 생각하면 안 된다. 그건 오해다. 노비의 호는 보통 세 명 이상으로 구성됐다. 그중 한 명이 선상노비가 될 경우, 나머지 두 명이 그에게 면포와 정포를 주도록 한 것이다. 집안 식구들끼리 면포를 주고받는 것은 국가에서 확인할 수도 없는 일이고 관심을 가질 만한 일도 아니었다. 대신, 봉족이 된 가족들은 납공노비 때보다 적은 수준의 납부 의무를 부담했던 것이다.

읍노비에게는 봉족이 없다는 것은, 읍노비의 가족들은 일반 납공노비와 똑같은 의무를 져야 한다는 의미였다. 그러므로 읍노비는 자기 생활비를 스스로 벌어야 했던 것이다. 너무 가혹한 처사였다고 생각할지 모르지만, 《경국대전》〈형전〉을 다시 살펴보면 그런 대로 일리가 있다는 판단이 들 것이다. "서울에서는 2교대로 돌아가며 복무하고, 지방에서는 7교대로 돌아가며 뽑아 올린다"고 했다. 한성의 선상노비는 2교대이고 지방의 선상노비는 7교대였으므로, 지방의 노비가 상대적으로 부담이 적었다. 그랬기 때문에 이들에게는 봉족을 따로 붙이지 않았다.

　혼란을 방지하기 위해, 위에서 언급을 보류한 부분이 있다. 선상노비에 관한《경국대전》〈형전〉규정에서는 한성 및 지방의 선상노비를 모두 다루었다. 그런데 납공노비에 관한《경국대전》〈호전〉규정에서는 외거노비만 다루었다. 거기서 말한 외거노비가 지방 노비를 가리킨다는 점은 이미 언급했다. 그러므로 한성 공노비, 즉 경거노비에는 납공노비가 없었다. 한성에 사는 공노비들은 관청에 속한 노비들이었다. 주로 국유지를 경작하는 사람들이 납공노비가 되었으므로, 좁은 한성 안에는 국유지를 경작하는 노비들이 있을 리 없었다.

　공노비가 선상노비와 납공노비로 구분된 것과 달리, 사노비는 솔거노비와 외거노비로 분류됐다. 공노비를 경거노비와 외거노비로 분류한다고 할 때, 여기서 말하는 '외거'라는 것은 한성 밖에 산다는 의미다. 이에 반해, 사노비를 솔거노비와 외거노비로 분류한다고 할 때, 여기서 말하는 '외거'란 주인집 밖에 산다는 의미다. 공노비의 경우에는 솔거노비란 게 없었다. 관청에 나가 근무하든 국유지를 경작하든 공노비는 자기 집에서 출퇴근했다. 하지만 사노비의 경우에는 가사사용인들이 많았기 때문에, 이들을 규정하기 위해 솔거노비란 개념이 필요하다.

　외형상으로만 보면, 독립적인 주택과 농토를 가진 외거노비가 그렇지 않은 솔거노비보다 더 나았을 것처럼 생각할 수도 있다. 물론 외거노비가 솔거노비보다 경제력을 좀더 축적할 수 있는 기회가 있었던 것은 사실이다. 그들은 자기 집과 자기 농토를 법적으로 소유할 수 있는 기회도 있었다. 하지만 대부분의 외거노비는 사실상 소작농과 다르지 않았다. 그래서 경우에 따라서는 외거노비가 솔거노비보다 못한 경우도 많았다. 농사를 짓는 외거노비의 처지는 풍흉에 따라 수시로 뒤바뀔 수 있었지만, 솔거노비는 비교적 안정적인 생활을 할 수 있었다. 외거노비는 좀더 많은 자유를 갖는 대신 파산의 위험성도 그만큼 컸다고 볼 수 있다.

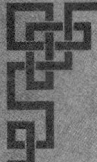

배 비장을 농락한 제주 기생, 애랑이

노비와 관기

원칙적으로 말해서 선상노비와 솔거노비는 무형의 노동력을, 납공노비와 외거노비는 유형의 현물을 제공했다. 이에 비해 관기들이 제공한 서비스는 좀 독특하다. 그들도 개념상으로 선상노비에 포함됐다. 그들은 법적으로 성적 서비스를 제공해야 했다. 관기에 관한 이야기는 실록·민담·문학작품 등에서 수없이 찾을 수 있지만, 여기서는 조선 후기 소설 《배비장전裵神將傳》의 관기 애랑이를 소개하고자 한다. 문학작품은 등장인물이나 이야기 자체는 허구에 불과하지만 당대의 시대상을 반영하기 때문에 역사학 연구에 꼭 필요한 자료다. 관기 문화에 관한 한, 문학작품이 실록이나 민담 못지않은 훌륭한 사료가 될 수 있다. 왜냐하면 실록이 묘사할 수 없는 것들을 문학작품에서는 과감하게 묘사했기 때문이다.

《배비장전》 속의 관기들

한성 양반인 김경은 제주목사에 임명된 뒤 참모진을 꾸렸다. 이런 참모들을 비장裨將이라 불렀다. 비장으로 뽑힌 사람들 중에 배걸덕쇠란 이가 있었다. 그는 비장이 된 이후 배 비장이라 불렸다. 배 비장은 예방禮房 자리에 내정되었다. 오늘날로 치면, 제주시 문화산업국장 정도에 해당된다고나 할까. 사극 속의 이방·호방·예방·병방·형방·공방은 목소리도 가늘고 어딘가 좀 모자란 것 같지만, 당시 서민들이 보기에는 꽤 높은 사람들이었다. 남편이 제주로 떠난다는 소식에, 그의 부인은 걱정이 태산 같아졌다. 안 그래도 바람기 많은 남편이, 미인 많기로 유명한 제주에서 주색에 빠질 게 분명하다고 생각한 것이다. 배 비장은 아내를 안심시켰다. "그런 일은 아예 걱정하지 마오" "대장부가 한번 마음을 먹고 나서는 길인데 어찌 요망한 계집 때문에 신세를 버리겠소?"라며 아내를 다독거렸다.

그러나 제주에 상륙한 순간부터 배 비장은 '시련'에 직면했다. 그

조선의 비장 | 비장은 조선시대 지방장관이 데리고 다니던 막료다. 사진은 강화유수부에 전시된 모형이다. 인천시 강화군 강화읍 소재.

의 '다짐'처럼 되지 않았던 것이다. 관아로 가던 김경 일행은 제주 18경 중 하나라는 망월루에 들렀다. 그런데 그곳에서 웬 여성과 남성이 눈물을 흘리며 신파극 같은 장면을 연출하고 있었다. 이 야릇한 장면에 궁금증이 생겼다.

그 여성은 제주 최고의 관기인 애랑이였고, 남자는 전임 목사의 참모인 정 비장이었다. 정 비장이 제주 생활을 청산하고 뭍으로 돌아가게 되자, 두 사람이 망월루에서 만나 눈물의 이별 장면을 연출하고 있었던 것이다. 옆에 있던 방자(관청 사환)에게 사연을 들은 배 비장은 코웃음을 쳤다. 장부가 저런 일에 눈물을 흘려? 딱하군! 그러나 방자는 가볍게 볼 일이 아니라고 말했다. "색에는 영웅도 없다는데 그게 무슨 말씀이나이까?" 이에 배 비장은 "양귀비나 서시 같은 계집이 옆에 있더라도 눈도 들어 보지를 않을 것이다"라며 호기를 부렸다. 그러자 방자가 내기를 제안했다. 배 비장이 이곳에 있는 동안 애랑이에게 넘어가지 않으면 자신이 배 비장의 종이 되고, 반대의 경우에는 배 비장이 타고 있는 말을 달라는 것이었다. 배 비장은 호쾌하게 동의했다.

배 비장은 도착 첫날부터 사람들의 눈총을 받았다. 김경 일행의 유흥에 제대로 동참하지 않았기 때문이다. 이미 호언을 뱉은 지라, 여성 있는 데서 함부로 행동할 수 없었다. 본래 그런 사람도 아닌데 갑작스레 홀로 고결한 척하니, 다른 참모들은 물론 김경이 보기에도 꼴불견이었다. 비장들이 기생들과 함께 즐기는 자리에도 배 비장은 불참했다. 그럴 바에는 말이나 안 하고 잠자코 있었으면 괜찮았으련만, 그는 자신은 이 따위 유흥에는 관심도 없다느니 내가 기생한테 눈이나 돌리나 보라는 식으로 호기를 부렸다. 미움을 살 수밖에 없었다.

보다 못한 김경이 기생들을 소집했다. 배 비장의 '가식'을 깨뜨릴 묘안을 찾기 위해서였다. 이때 애랑이가 나섰다. 자기가 알아서 할 테니 한라산 꽃놀이 행사를 만들어달라고 했다. 이튿날 김경은 참모진과 관기들을 데리고 한라산으로 놀러갔다. 노래와 춤으로 자리가 흥겨워졌지만, 배 비장은 여전히 관심 없는 척했다.

그런 배 비장의 시선을 한눈에 끈 것이 있었다. 그가 본 것은 근처 개울가에서 목욕을 하는 여인이었다. 한눈에 봐도 대단한 몸매에 대단한 미인이었다. 바로 애랑이였다. 배 비장은 잠시도 애랑이에게서 눈을 떼지 못했다. 놀이가 끝나고 사람들이 하산하겠다고 하자, 배 비장은 복통을 호소하며 자기는 좀더 있다 가겠노라 말했다. 물론 다른 이들은 그 복통의 원인을 알고 있었다. 방자와 단둘이 남게 된 그는, 이몽룡이 방자를 시켜 춘향을 유혹하듯, 방자를 시켜 애랑이에게 데이트를 신청했다. 결과는 퇴짜였다. 밤새 잠을 뒤척인 배 비장은 방자에게 거액을 쥐어주며, 애랑이에게 연애편지를 전해달라고 부탁했다. 애랑은 방자 편에 보낸 답장에서, 오늘 밤에 찾아오면 환영하겠노라고 알렸다. 배 비장은 기쁨에 설렜다. 모든 것은 김경과 애랑이의 작전대로 흘러갔다.

방자와 함께 한밤중에 애랑이의 집을 방문한 배 비장은, 급했던지 방에 들어가자마자 옷을 벗어던지고 애랑이를 끌어안았다. 잠시 뒤, 남편인 듯한 남자의 고함소리가 들렸다. 내가 자리만 비우면 꼭 신발이 네 짝이냐며 고함을 치는 것이었다. 목소리의 주인공은 실은 방자였다. 그도 김경과 애랑의 작전에 동참했던 것이다. 급했던 배 비장은 그것이 방자의 목소리라고는 생각도 못 했다. 애랑이의 남편이 왔다고만 생각했다. 배 비장은 옷도 걸치지 않은 채, 방 안에 있는 궤짝에 얼른 숨어들었다. 뒤이어 애랑이가 열쇠로 잠갔다.

터지는 웃음을 간신히 참고 방 안에 들어온 방자는 저 궤짝을 버리지 않으면 재앙이 닥칠 것이라는 계시를 받았다며 궤짝을 바다에 버리겠노라고 고함쳤다. 곧이어 방자는 궤짝을 들고 바다가 아닌 동헌으로 갔다. 배 비장으로서는 자기가 바다로 가고 있다고 생각할 수밖에 없었다. 동헌 마루에는 목사와 참모들과 관기들이 빙 둘러 서 있었다. 방자는 가운데에 궤짝을 내려놓았다. 김경은 궤짝에 물을 뿌리도록 지시했다. 그리고 방자는 궤짝을 흔들었다. 당연히 배 비장은 자기가 정말로 바다에 빠진 줄로 착각했다. 김경은 노비들에게 방문을 삐걱삐걱 여닫도록 했다. 배가 지나가고 있는 것처럼 위장하기 위해서였다. 궤짝 속의 배 비장은 사공인 듯한 사람의 목소리를 들었다. 그래서 살려달라고 고함을 쳤다. '사공'은 바닷물에 눈이 닿으면 실명할 수 있으니 절대 눈을 뜨지 말라며 궤짝을 열어주었다. 배 비장은 눈을 꼭 감은 채로 마룻바닥에서 헤엄을 쳐냈다. 알몸 상태로 말이다. 마루 기둥에 머리를 박은 뒤에야 그는 사태를 확인했다. 그때까지 꾹 참고 있던 구경꾼들은 일시에 웃음을 터뜨리며 데굴데굴 굴렀다.

이 소문은 제주 전역에 금세 퍼졌다. 더는 제주에 머물 수 없다고 판단한 배 비장은 사직하고 한성으로 되돌아갔다. 황진이를 거절한 서경덕을 흉내 내려다 망신을 톡톡히 당한 바람둥이 양반의 이야기를 담은 《배비장전》은 양반의 권위가 추락하고 그들의 위선이 폭로되던 조선 후기의 사회상을 반영하는 소설이다. 무엇보다 이 소설은 관기의 삶과 관련된 정보들을 담고 있기에, 이 글을 읽는 우리에게 소중한 자료라고 할 수 있다. 이 소설에서 나온 정보를 포함해서 관기의 삶에 관한 이야기를 살펴보자.

관기, 의무를 행하다

텔레비전 사극 속의 기생은 주로 민간 술집에서 활동한다. 하지만 역사 기록 속의 기생은 주로 관청을 주 무대로 활약한다. 관청에 속한 노비들이 기생 역할을 담당했던 것이다. 관기라 불리는 이들이다. 조선시대 기생문화를 주도한 '주류'는 이들 관기였다고 보아야 한다. 민간에서 일하는 기생은 비주류였다. 예외가 있기는 하지만 지배층의 문화가 민간에 전파되는 것이 문화전파의 보편적인 경향이다. 마찬가지로 기생문화는 지배층에서 민간으로 전파된 것이다. 그러므로 조선시대 기생문화는 관기에 의해 주도되었다고 봐야 한다. 옛날 기생이 오늘날의 일반인보다 지적 수준이 높았던 것은 그들의 고객이 주로 관리들이었기 때문이다. 어려서부터 시를 짓고 유교 경전을 논하는 데 익숙한 관리들을 상대하자니, 그들도 자연히 그에 걸맞은 지식인이 될 수밖에 없었던 것이다.

 지적인 면에서는 일반인보다 나았지만, 모든 면에서 그랬던 것은 아니다. 결정적으로 한 가지 측면에서, 그들은 오늘날의 일반인을 부러워하지 않을 수 없었을 것이다. 왜? 그들은 태어나서 죽을 때까지 몸을 팔지 않으면 안 되었기 때문이다. 돈이 없어서도 아니고, 폭력배에게 납치돼서도 아니고, 스스로가 원해서도 아니었다. 오로지 그들의 신분 때문이었다. 《배비장전》의 제주 관기들처럼 가족과 떨어진 임지에서 근무하는 관리들의 성적 필요를 충족시켜주는 것이 그들의 주된 의무였다. 그런 의무를 수청守廳이라 했다. 변 사또가 성춘향에게 요구했던 바로 그것이다.

관기들이 부담한 수청 의무가 《어수신화》에 자세히 묘사되어 있다. 평안감영 혹은 황해감영의 종5품 본부도사로 임명된 사람이 역에서 말을 바꿔 타며 임지를 향했다. 그가 오고 있다는 소식을 듣고 감영에서 수청 기생을 파견했다. 수노(수석 관노)가 행수 기생(수석 기생)에게 관기를 골라 손님에게 보내도록 지시하는 방식으로 이 과정이 이루어졌다. 기생을 처음 접한 본부도사가 급창(관청 사환)과 나눈 대화 속에서 관기들의 수청 의무를 확인할 수 있다.

"저 붉은 치마의 여인은 무슨 일로 여기 왔는가?"
"본무에서 보낸 수청 기생입니다."
"그렇다면 저 여인은 어디에다 쓰는가?"
"함께 주무시면 됩니다." ……
"여러 고을에 기생을 두는 것은 사객使客(임금이 파견한 손님)을 접대하기 위한 것입니다."

관기의 수청 의무는 이것으로 끝나지 않았다. 마르코 폴로의 경험을 소재로 그들의 또 다른 의무를 살펴보자. 13세기 후반에 동아시아를 여행한 마르코 폴로는 지금의 신장위구르자치구의 동쪽 끝, 즉 몽골 서남쪽에 인접한 하미(哈密)란 곳에서 특이한 풍습을 목격했다. 하미는 당시 카물Camul이란 이름으로 불렸다. 그곳에서 마르코 폴로가 목격한 풍속이 《동방견문록》에 기록되어 있다.

> 만약 나그네가 자신의 집에 머물려 하면, 그(집주인)는 너무나 기뻐하면서 자기 아내에게 나그네가 원하는 것은 뭐든 다 해주라고 말한다. 그러고는 집에서 나와 일하러 가서는 2~3일간 머문다. 나그네는 그의 부인과 집안에 있으면서 자기가 하고 싶은 대로 하는데, 그녀가 마치 자기 아내인 양 동침하기도 한다. …… 그들은 그것을 수치로 여기지 않는다. 오히려 나그네가 휴식을 필요로 할 때 그렇게 친절하게 맞아주었기 때문에 우상(석가모니)이 자기들을 매우 가상히 여길 것이라고 생각한다. 또 그 덕분에 물건과 자식과 재산도 불어나고 갖가지 위험으로부터 보호받으며 모든 일이 아주 행복하게 되고 성공하리라고 생각하는 것이다.

마르코 폴로가 목격한 것처럼 13세기 후반의 카물 지방에서는 나그네에게 자기 아내를 '소개'해주는 풍습이 있었다. 이 상황과 똑같지는 않지만, 조선 관기들도 카물 여성들과 유사한 처지에 놓여 있었다. 그들은 관청을 방문하는 손님들과도 하룻밤을 지내야 했다. 손님들에 대해서도 수청 의무가 있었던 것이다. 《어우야담》에는 평안도 정주목사가 전라도 남원에서 올라온 친척을 접대하기 위해 기

조선의 기생 | 신윤복의 풍속화 중 하나로, 서울도시철도 5호선 광화문역에 전시된 이미지를 촬영한 사진이다.

생을 직접 고르는 장면이 나온다. 물론 모든 손님을 상대로 그렇게 한 것은 아니다. 손님의 '급'을 당연히 고려했다. 관리나 손님들에게 성적 서비스를 제공하는 것 외에도, 관기들은 관청에서 주관하는 행사에 동원되어 노래도 하고 춤도 출 의무도 지고 있었다.

관기와 일반 공노비의 차이

여성 관노비의 경우 일반 노비에서 관기로의 전환, 혹은 그 반대의 경우도 비교적 쉽게 이루어진 것 같다. 노비의 인격권이 인정되지 않은데다가 성 접대가 용인되었기 때문에, 여자 노비의 '보직'을 관기로 바꾸는 것은 비교적 쉬운 일이었다. 나이가 들거나 병이 들거나 혹은 다른 사정이 있어서 관기 역할을 할 수 없게 되면 일반 노비로 전환될 수도 있었다.

겉으로 봐서는 관노비와 관기가 쉽게 구분되지 않았다. 관기가 일반인들 속에 섞여 살았기 때문이다. 《배비장전》의 배 비장은 애랑이를 만나기 위해 그의 집까지 찾아갔다. 애랑이의 집은 일반 주거 지역에 있었다. 《춘향전》에서도 성춘향 모녀는 일반인들이 사는 곳에 거주했다. 숙종 때 정승인 김우항金宇杭(1649~1723)의 사례에서도 이 점을 알 수 있다. 김우항은 송시열宋時烈(1607~89)이 위기에 처했을 때에 그를 변호한 인물이다. 1681년 대과에 합격하기 전에 그는 평안도 강계부사(종3품)인 이종사촌에게 돈을 꾸러 갔다가 푸대접을 받고 한밤중에 쫓겨났다. 객지에서 오갈 데 없는 신세가 된 것이다. 설상가상으로 노잣돈마저 다 떨어졌다. 그때 마침 퇴근길의 관기가 나타나서 자신을 소개한 뒤, 좀 전에 관청에서 당신이 당한 푸대접을 목격했노라면서 "첩의 집이 여기서 멀지 않으니 함께 가주시기를 감히 청합니다"라고 말했다. 김우항의 사정을 짐작하고, 자기 집에서 재워주겠다고 제안한 것이다. 이처럼 관기들은 자기 집을 갖고 일반인들과 함께 생활했다.

관기 역시 일반 노비처럼 남자를 만나 살림을 꾸릴 수 있었다. 《배비장전》에서 배 비장과 애랑이가 한방에 있었을 때 밖에 있던 방자가 남편 흉내를 낸 데서도 그 점을 알 수 있다. 관기 신분의 성춘향 역시 이몽룡과 결혼을 하지 않았는가. 《어수신화》에서 본부도사를 접대한 관기 역시 머리를 들어 올린 기혼녀였다. "지아비가 있는 것 같은데, 후환이 없을까?"라는 본부도사의 질문에 대해 방자는 "혹간 지아비가 있기는 하지만, 감히 노여워하지는 못합니다"라고 대답했다. 마음속으로야 분했겠지만, 법으로 정해진 일이니 어쩔 수 없이 참았을 것이다.

관기는 노비 신분이었기에 관기를 그만둔다 해도 노비의 굴레에서 벗어날 수는 없었다. 이 점은 《춘향전》에서도 나타난다. 성춘향의 명성을 알고 있었던 변 사또는 남원에 부임하자마자 관기들부터 소집했다. 50명의 관기를 소집한 변 사또는 누가 춘향인지 확인하기 위해, 호장(수석 아전)에게 관기들의 이름을 부르도록 했다. "팔월 보름날 추석날에 빛깔 고와라, 추월이!" 하는 식의 멋들어진 소개가 계속되었음에도 춘향이 거명되지 않자, 변 사또는 "저 많은 기생을 그렇게 부르다가는 며칠이 걸리겠다. 빨리 불러라"고 재촉했다. 호장이 이번에는 좀더 간단하게 "그윽하게 거문고 타네, 탄금이!" 하는 식으로 부르는데도 춘향의 이름이 나오지 않자, 변 사또는 "갑갑하다, 한 번에 네다섯씩 이름만 불러라"고 다시 주문했다. 호장이 이번에는 "홍도, 행화, 앵앵이, 국화" 하고 여러 명을 묶어서 불렀지만, 춘향이는 역시 나오지 않았다. 한참 듣다가 '향' 자가 나오기에 변 사또가 엉덩이를 들썩했지만, 그 '향'은 춘향이가 아니라 매향이었다. 아무리 불러도 춘향이 나오지 않자, 결국 변 사또는 참지 못하고 소리쳤다. "너희 중에 누가 춘향이냐?"

행수 기생의 답변에 변 사또는 노발대발했다. 춘향이가 관기 명단에 없다고 대답했기 때문이다. 이몽룡과 혼인한 후에 명단에서 삭제했다는 것이다. 그러나 그렇게 관기 명단에서 이름이 빠졌음에도 변 사또의 명령으로 춘향을 소환했다. 관기 명단에서는 빠졌지만 여전히 관노였기 때문에 그렇게 할 수 있었다.

이처럼 관기는 일반인들과 함께 거주하고 남편을 둘 수 있었으며 일반 노비로 전환될 수 있었다는 점에서는 여느 관노비와 같았으나, 성적 서비스를 제공해야만 했다는 점에서는 일반 관노비와는 달랐다.

만약 관기가 관료의 첩이 됐을 경우, 태어난 자녀는 양인일까 노비일까? 서얼 문제를 다루는 다음 장에서 해답을 찾아보자.

서자보다 못한 얼자, 홍길동
노비와 서얼

홍길동은 의적이 아니라 혁명가였다. 의적 홍길동은 소설 속의 허구일 뿐이다. 사료 속에 나타난 홍길동은 전혀 다르다. 사료는 그를 '강도'로 표현하기는 했지만, 조선시대에는 나라를 훔치려는 행위까지도 도적의 범주로 취급했다. 국가가 왕실의 소유물로 인식되었기 때문이다. 조선시대 형법의 기초인《대명률직해》에서 모반죄나 대역죄를 '도적' 항목에 넣은 것도 그런 이유 때문이다.

《연산군일기》[20]를 보면 그가 단순한 의적이 아니라 나라를 훔치려 한 '도적'이었음을 알 수 있다. 홍길동은 정3품 첨지(중추부 소속)를 자칭하며 관원의 복장을 하고 지방 유지들의 지원을 받아 관청을 습격했다. 충청도 같은 곳에서는 홍길동의 반란을 계기로 10년간이나 세금이 걷히지 않았다고 하는 것을 보면, 그의 반란이 얼마나 큰 충격을 주었는지 짐작할 수 있다. 반군 지도자가 처음에는 낮은 벼슬을 자칭하다가 나중에 왕이나 황제를 자칭하는 것은 동아시아 반란의 전형이었다. 홍길동 역시 그런 단계를 밟았다. 그는 새로운 세상을 꿈꾼 반체제 운동가였던 것이다.《홍길동전》의 저자인 허균은 사회적 파장을 막고자 그를 혁명가가 아닌 의적으로 묘사했을 뿐이다.

《홍길동전》은 소설에 불과하지만, 그 속에는 노비 문제와 관련된 당시 사람들의 정서가 담겨 있다. 그런 점에서 이 소설은 사료적 가치를 갖고 있다고 평할 수 있다. 홍길동의 정확한 신분을 파악하는 과정에서, 우리는 노비와 관련된 정보를 좀더 많이 도출해낼 수 있다.

소설 속 홍길동의 신분

소설 속 홍길동이 아버지를 아버지라 부르지 못하고 형을 형이라 부르지 못하는 자기의 처지를 고민했다는 점은 널리 알려져 있다. 하지만 이것은 그의 고민의 본질이 아니었다. 《홍길동전》의 한 장면을 살펴보자. 아버지 홍 판서의 또 다른 첩인 초란이(길동은 홍 판서의 첩 중 하나인 춘섬이의 아들이다)가 관상녀와 짜고 자객을 보내 자기를 죽이려 하자, 길동은 관상녀와 자객을 모두 벤 다음 아버지에게 하직인사를 올렸다. 그러자 홍 판서는 "내가 너의 품은 한을 짐작하여 오늘부터는 아비를 아비라 부르고 형을 형이라고 부르기를 허락하노라" 하며 집을 떠나려는 길동을 붙들었다.

아버지가 결국에는 호부호형을 허락한 것이다. 이에 길동은 "소자의 지극한 한을 아버님께서 풀어주시니 죽어도 한이 없습니다"라고 말하면서도 "엎드려 바라옵건데 아버님께서는 만수무강하십시오"라며 이별을 선언했다. 말로는 호부호형이 자기의 '지극한 한'이라 했지만, 실제로는 그것이 본질이 아니었던 것이다.

홍길동의 '지극한 한'은 '집 안'보다는 '집 밖'과 관련되었다고 보는 게 정확하다. 집 안에서 호부호형이 허락되더라도 그의 사회적 성공은 여전히 제약될 수밖에 없었다. 홍길동의 신분적 굴레는 아버지 홍 판서의 허락만으로 해소되는 게 아니었다. 또한 홍길동은, 집 안에서 호부호형이 허락되는 것을 만족하면서 살기에는 너무 비범한 인물이었다. 다음은 홍길동의 비범성을 보여주는 소설의 한 대목이다.

> (용꿈을 꾼) 그 달부터 태기가 있더니 열 달 만에 옥동자를 낳았는데 생김새가 비범하여 실로 영웅호걸의 기상이었다. …… 길동이 점점 자라 여덟 살이 되자, 총명하기가 보통이 넘어 하나를 들으면 백을 깨달았다.

《홍길동전》에서는 비범하지만 사회적 진출에 한계가 있는 주인공의 비애를 강조하기 위해 길동의 처지를 홍인형의 처지와 대비시켰다. 홍인형은 홍 판서의 성실부인인 유씨의 몸에서 태어난 적자다. 비범한 길동은 사회적으로 아무런 역할도 못 한 반면, 평범한 인형은 중앙 행정부처 과장급인 정6품 좌랑으로 활동했다.

소설 속 홍길동이 차별을 받은 이유는 무엇인가? 많은 사람들은 "그거야 당연히 첩의 자식이었으니까 그렇겠지"라고 답할 것이다. 절반은 맞고 절반은 틀린 대답이다. 홍길동이 첩의 자식이었던 것은 사실이지만, 첩의 자식에도 '등급'이 있었다는 점을 고려해야 한다.《명종실록》²¹에 실린 사헌부의 보고에서 그 점을 알 수 있다.

> 신들이 서얼庶孼이란 명칭을 두루 살펴보니, 이른바 서庶란 것은 양첩의 아들이고, 이른바 얼孼이란 것은 천첩의 아들입니다.

사헌부의 조사에 따르면, 양인 신분의 첩, 즉 양첩에게서 태어난 자녀는 서자·서녀이고 노비 신분의 첩, 즉 천첩에게서 태어난 자녀는 얼자·얼녀였다. 여기서는 논의의 편의를 위해 서자와 서녀를 '서자'로, 얼자와 얼녀를 '얼자'로 통칭하기로 한다. 주의할 점이 있다. 사료에서 '아무개는 서자다'란 표현을 발견한다 하여 곧바로 그를 첩의 아들로 생각해선 안 된다. 그렇게 치면, 환인의 아들 환웅도 첩의 아들이었다는 말이 성립한다.《삼국유사三國遺事》〈기이奇異〉편에서는《단군고기檀君古記》를 인용해서 "옛날에 환인의 서자 환웅이 있었다"고 했다. 이런 경우의 서자는 장남 이외의 아들을 가리킨다. 이처럼 서자란 표현은 장남이 아닌 아들을 가리키는 경우가 많았다. 그러므로 사료에서 '서자'란 표현을 발견할 경우, 그것이 첩의 아들을 가리키는 표현인지 차남 이하의 아들을 가리키는 표현인지를 문맥을 통해 분간하지 않으면 안 된다.

서자와 얼자는 첩의 소생이라는 점에서는 똑같지만, 신분 측면에서는 서로 판이했다. 전자는 양인 부모의 피를 물려받았지만, 후자는 어머니 쪽으로 노비의 피를 물려받았다. 소설 속 홍길동은 후자에 속했다.

(홍 판서는) 일찍이 두 아들을 두었는데 하나는 이름이 인형으로 본부인 유씨가 낳았고, 다른 하나는 이름이 길동으로 시비(侍婢) 춘섬이 낳았다.

실제의 홍길동도 어땠는지 알 수 없지만, 소설 속 홍길동은 그나마 서자도 아니었다. 서자보다도 더 열악한 처지였다. 그가 집안 노비들로부터 천대를 받은 것은 바로 그 때문이다. "길동이 열 살이 넘도록 감히 아버지와 형을 부르지 못하는 데다가 종들로부터도 천대받는 것을 뼈에 사무치게 한탄하면서 마음 둘 바를 몰랐다." 만약 그가 그나마 '서자'였다면 노비들의 태도가 조금은 달랐을 것이다. 하지만 같은 노비의 몸에서 태어난 아이였기에 길동을 무시했던 것이다.

우리가 아는 인물들 중에 얼자들이 적지 않다. 대표적인 인물이 조선시대의 명재상인 황희(黃喜)다. 《세종실록》[22]에서는 황희의 간통 사건을 소개하며 그의 신분을 이야기했다. 황희의 좋지 않은 신분이 그의 부적절한 행동으로 연결된 듯한 인상을 주려고 했던 것 같다. 이에 따르면, 황희는 판강릉부사 황군서(黃君瑞)의 노비 첩이 낳은 아이였다.

서자는 비록 관직 진출에서 차별을 받기는 했지만 엄연히 양인이었다. 그렇다면 얼자는 어땠을까? 조선시대에는 어머니가 노비면 자식도 노비라고 하지 않았는가? 그렇다면 얼자는 노비였을까?

천첩의 자녀, 얼자

부모 중 한쪽이 노비인 경우는 크게 두 가지였다. 하나는 어머니가 노비인 경우, 또 하나는 아버지가 노비인 경우다. 얼자는 앞의 경우에 해당한다. 뒤의 경우에 대해서는 나중에 다시 언급할 것이다. 얼자 문제를 이해하기 위해 고대 역사 속의 노비 문제를 검토해보자.

고대에는 주로 전쟁을 통해 노비를 획득했다. 그러나 적어도 고려시대가 되면 이 땅에서는 이런 양상이 사라졌다. 한민족이 고려시대 이후로는 주로 방어전에 치중했다는 것은 굳이 강조하지 않아도 될 것이다. 이는 노비를 외부에서 공급하는 일이 힘들어졌음을 의미한다. 따라서 노비는 내부에서 충원될 수밖에 없었다.

노비주의 입장에서 노비의 수를 늘일 수 있는 가장 편한 방법 중 하나는 노비를 결혼시키는 것이다. 노비와 노비를 결혼시킬 수도 있고 노비와 양인을 결혼시킬 수도 있다. 전자의 경우, 그들의 혼인으로 생긴 자녀는 노비가 되었다. 하지만 후자의 경우는 문제가 조금 복잡해진다. 그들의 혼인으로 생긴 자녀를 노비주가 온전히 자신의 노비로 만들 수 있는 게 아니었다. 어떤 경우는 그들의 자녀를 양인에게 '빼앗길' 수도 있었다. 즉 분쟁의 꺼리가 될 가능성이 있었다.

그런 까닭에 후자의 경우 생길 수 있는 분쟁의 소지를 해결하기 위한 입법 조치가 고려 전기인 1039년에 이루어졌다. 《고려사高麗史》〈형법지刑法志〉에는 "정종靖宗 5년, 천민은 어머니를 따르도록 하는 법을 제정했다"고 밝히고 있다. 이른바 노비종모법奴婢從母法을 제정한 것이다. 이에 따르면, 남자 양인과 여자 노비의 자녀는 어머니를 따라 노비가 되어야 했다. 여자 노비가 누구와 잠자리를 가졌는지는 당사자들 외에는 알 수 없는 일이다. 객관적인 사실은 여자 노비의 몸에서 아이가 태어났다는 것뿐이다. 1039년의 조치는 이런 객관적인 사실을 근거로 노비의 소유권을 정하도록 한 것이다.

위의 조치는 무엇보다도 노비 숫자를 증대시키려는 귀족층의 이해관계를 반영했다. 여자 양인과 남자 노비가 결혼하는 경우보다는 여자 노비와 남자 양인이 결혼하는 경우가 훨씬 많았기 때문에, 종모법은 노비의 수를 늘리는 데 기여했다. 《태종실록》[23]에서는 그 같은 고려시대 입법의 결과로 "노비는 날이 갈수록 증가하고 양민은 날이 갈수록 감소했다"고 말했다.

이런 제도를 악용해서, 자기 집 여자 노비를 양인 남자들과 접촉하도록 부추기는 노비주도 있었을 것이다. 한 논문에서는 "고려 후기에는 농장주들이 노비를 증식하는 방법으로 양천상혼(양인과 노비의 혼인)을 공공연히 조장하고 있었다. 그리하여 양소천다(양인은 적고 노비는 많음)의 현상이 일어나 드디어는 고려왕조의 멸망을 초래하는 한 원인이 되게 하였다"[24]고 했다. 납세·병역 의무를 지는 양인이 줄어드니 국가가 약해지는 것은 당연하다.

이렇게 여자 노비와 남자 양인의 성적 접촉이 증대되면서 생겨난 아이들이 바로 얼자였다. 조선 건국세력은 이들에게 동정심을 보였다. 자신들 중에 얼자나 서자가 많았기 때문이다. 건국의 주역인 정도전鄭道傳의 어머니도 노비였다. 건국 공신인 하륜河崙·조영규趙英珪·함부림咸傅霖·이화李和·이조李朝 등도 얼자 아니면 서자의 피를 타고났다. 정도전·하륜·조영규·함부림은 모두 연안 차씨 집안을 외가로 둔 서얼이었다. 이성계李成桂의 이복동생인 이화는 노비의 아들이고, 이조 역시 이 집안의 서얼이었다.

혁명 핵심부에 얼자나 서자가 많았기 때문에, 이들이 권력을 잡은 뒤 얼자 문제에 관심을 갖는 것은 당연했다. 이 문제에 대한 혁명 핵심부의 시각은 태조 6년(1397)에 노비변정도감奴婢辨定都監에서 태조에게 올린 건의서에 나타나 있다. 노비 소송을 담당한 이 기구에서 건의한 19개 항목 중 일곱 번째다.

> 비록 천첩의 소생일지라도 이 역시 골육입니다. 그러므로 노비와 똑같이 일을 시키는 것은 곤란합니다. 노비주가 생존해 있고 자기 소유의 천첩이 자녀를 낳은 경우, (그 자녀를) 영구적으로 양인으로 풀어주는 것을 법률로 삼으소서.[25]

이성계의 재가를 받은 이 건의에서는, '천첩의 몸에서 태어났을지라도 똑같은 자식인데 어떻게 노비와 똑같이 취급할 수 있느냐'는 건국세력의 시각을 반영하고 있다. 그러나 모든 천첩 소생에게 갑자기 양인 신분을 부여할 수는 없었기에, 이 건의에서는 타협적 방안을 내놓았다. 얼자의 아버지가 생존해 있고 얼자의 어머니가 얼자 아버지 소유의 노비인 경우에 한해 얼자를 양인으로 인정해주자는 것이었다.

태종 14년 6월 27일(1414. 7. 13.)에는 진일보한 조치가 나왔다. "공·사 노비가 양인 남편에게 시집가서 낳은 소생은 모두 아버지를 따라 양인으로 삼는다"는 왕명이 내려진 것이다. 이 조치는 얼자의 아버지가 생존해 있는지 여부를 가리지 않고 얼자를 양인으로 인정했다는 점에서 이전 것보다 개혁적인 것이었다.

하지만 세종 14년 3월 26일(1432. 4. 25.)에는 다시 원래로 돌아갔다. 이 날짜의 왕명에서는 여자 노비와 남자 양인의 결혼을 금지하고 여기서 생긴 얼자는 노비로 인정하기로 했다. 그 자녀는 여자 소속의 관청이나 주인에게 귀속시킨다고 했다. 여자 양인과 남자 노비의 자녀는 양인으로 인정하지 않으면서 남자 양인과 여자 노비의 자녀만 양인으로 인정하는 것은 형평성에 맞지 않는다는 것이 이유였다. 그러나 이전 상태로 '완전히' 돌아간 것은 아니었다. 예외가 인정됐다. 문무 관리, 문·무과 합격자, 생원·성중관成衆官[26]·유음자손有蔭子孫[27], 자녀가 없는 마흔 살 이상 양인이 노비와 결혼해서 얻은 자녀는 양인으로 인정하기로 했다.

그 후 다시 얼자를 양인으로 인정했지만, 세조 14년 6월에는 세종 14년의 왕명으로 회귀했다. 얼자를 다시 노비로 인정한 것이다. 이런 왕명이 《경국대전》에 반영되었다. 《경국대전》에서는 얼자는 원칙적으로 노비로 삼되, 종친·공신·관료의 얼자만 양인으로 인정했다. 특권층이나 관료에게서 태어난 얼자만 노비 신분을 면할 수 있었던 것이다.

그러나 특권층이나 관료 집안에서 태어난 얼자는 신분상으로는 양인이었지만, 이들의 처지는 소설 속 홍길동과 별반 차이가 없었다. 이들이 서자들과 합세하여 조선왕조 내내 투쟁한 것은 바로 그 때문이다. 아버지의 신분과 자신의 신분이 불일치했기 때문이다.

사실 국가의 입장에서는 이들을 차별하지 않을 수 없는 속사정이 있었다. 조선은 일부일처제 사회였다. 그래서 작은 부인은 물론 첩의 존재도 인정하지 않았다. 법적으로는 그랬다. 임금의 경우도 법적으로는 그랬다. 후궁이란 첩이 있었지만, 후궁은 공식적으로는 궁녀 신분이었다. 왕의 첩이라는 공식 지위는 존재하지 않았다. 적어도 법적으로는 일부다처를 금했기 때문에, 얼자에게 양인 신분을 부여하더라도 이들에게 양인과 똑같이 관직 진출의 기회를 인정할 경우 일부일처제의 근간이 흔들릴 수도 있었다. 일부다처제를 금하면서 거기서 태어난 아이를 평등하게 다루는 것은 모순이라고 생각했던 것이다. 이들이 서자들과 함께 과거 응시나 관직 진출의 제약을 받은 것은 바로 이 때문이다.

관기가 낳은 얼자의 지위

일반 여자 노비에 비해 관기들은 얼자를 '대량생산'할 수 있는 위치에 있었다. 관기들이 얼마나 많은 남자들을 동시에 만났는지는 민담에서도 확인할 수 있다.

앞에서, 평안도 정주목사가 전라도 남원에서 올라온 친척을 접대하고자 기생을 직접 고른 일이 있다고 이야기했다. 《어우야담》에 따르면, 그 친척은 양씨 성을 갖고 있었다. 그래서 그냥 양생梁生이라 불렸다. 정주에 체류하는 3년 동안 양생은 갖고 있던 돈을 모두 탕진했다. 사랑하는 기생에게 죄다 쏟아부은 것이다. 관기와 이별하고 슬픈 마음으로 귀향하던 날, 그나마 남아 있던 가죽신마저 관기의 남동생에게 빼앗기고 말았다. 자신과의 이별을 슬퍼하는 '처남'이 고맙고 미안해서 선물한 것이다.

축 처진 양생은 말에 올라타 반나절쯤 갔다. 시냇가 버드나무를 발견한 양생은 그늘에서 말을 먹인 뒤, 나무에 기대어 눈물을 줄줄 흘렸다. 지나가는 사람들이 불쌍하다고 탄식할 정도였다. 한참 울다 보니, 웬 상인도 손으로 턱을 괴고 울고 있지 않은가. 양생은 우리 서로 슬픔을 털어놓자면서 자신은 정주 기생과 이별하고 돌아가는 길이라 했다. 상인도 자신이 정주에서 3년간 기생을 사귀었다며 입을 열었다. 그 기생이 다른 남자의 수청을 들면서도 하루에 세 번씩이나 자신을 만나러 나왔다는 것이었다. 그런 기생과 헤어지는 것이 너무 슬퍼서 이렇게 울고 있노라고 상인은 말했다. 동병상련을 느낀 양생과 상인은 서로 부둥켜안고 통곡을 했다. 한참 후에야 그들은 자신들이 동일인을 사귀었음을 알게 되었다. 이별의 슬픔이 싹 가셨음은 물론이다.

조광조를 죽이는 데 결정적 역할을 한 남곤南袞 역시 유사한 경험을 겪었다. 《어우야담》에 그 이야기가 실려 있다. 그가 관찰사였을 때였다(남곤은 황해도와 전라도의 관찰사를 역임했는데 그가 어느 도의 관찰사로 근무할 때의 이야기인지는 분명하지 않다). 부임지에서 그는 어느 기생에게 푹 빠졌다. 기생의 집에까지 가서 밤새 술을 마시다가 해가 중천에 뜬 지도 모르고 잠에 빠진 적도 있다. 관리들이 기생의 집으로 남곤을 찾아올 정도였다.

한성으로 돌아온 후에 남곤은 기생을 첩으로 들이고 집까지 장만

해주었다. 그 후 어느 날이었다. 술에 취해 그 집에 갔다가, 잘생긴 남자가 뒷문으로 빠져나가는 장면을 목격했다. 남곤이 누구냐고 추궁하자, 기생은 나를 그렇게도 못 믿느냐며 결백의 표시로 손가락 하나를 칼로 베었다. 남곤은 "창기가 두 마음을 갖는 것은 크게 책망할 일도 아니다"라며 이렇게까지 행동할 필요가 있느냐고 말하고 이별을 고했다. 관기의 양다리 걸치기에 분노한 게 아니라 창기의 지나친 결백 표시에 분노했던 것이다. 이 일화에서 드러나듯, 관기의 '양다리'는 매우 흔한 일이었다. 그러나 관기들의 양다리가 사람들의 눈에 곱게 보였을 리가 없다. 성종 9년 11월 21일(1478. 12. 14.)에 성종이 형조에 내린 왕명에 다음과 같은 문장이 있다. 이 날짜 《성종실록》에 수록된 내용이다.

> (내게) 진언을 올린 자가 "창기들은 고정된 남편 없이 오늘은 여기서 자고 내일은 저기서 자면서 아이를 잉태합니다. 자기 소생을 양인으로 만들고 싶어서 '이 아이는 아무개 종친이나 재상과 사통하여 잉태한 아이입니다'라고 말합니다. (그러면) 종친이나 재상 역시 그 말에 현혹되어 '아무개 기생의 자녀는 내가 낳았다'고 하고, 어떤 경우에는 후사로 받아들이기도 합니다. 이보다 더 윤리를 문란케 하는 일은 없습니다"라고 말했다.

자기 자식이 천민보다는 사대부가 되기를 원하는 것은 관기들의 인지상정이었다. 그렇기 때문에 자신이 상대한 남자들 중에 가장 높거나 부유한 사람을 아이의 친부로 지목할 수도 있었다. 남곤이 현장을 목격하지 않았다면, 어쩌면 그의 첩도 정부의 아이를 남곤의 자식으로 만들었을지 모른다. 그것이 사실이냐 아니냐는 쉽게 확인할 수 없는 일이다. 그래서 조선왕조는 관기가 낳은 얼자에 대해 좀더 엄격한 기준을 적용했다. 왕조가 이들을 어떻게 다루었는지 개략적으로 살펴보자.

태종 14년 6월 27일(1414. 7. 13.)의 조치에 따라 기첩 소생의 얼자도 아비가 양인이면 양인으로 인정했다. 하지만 세종 12년 12월 18일(1431. 1. 1.)에는 양인으로 인정하는 범위를 축소했다. 관기가 한 명의 관리와 동거하다가 낳은 아이만 양인으로 인정한 것이다. 관기가 여러 명의 관리를 동시에 상대하다가 낳은 자녀, 관기가 일반인과의 관계에서 낳은 자녀 등은 양인이 아닌 노비가 되었다. 세종 19년 5월 9일(1437. 6. 12.)의 조치는 한층 더 엄격했다. 기첩 소생의 얼자는 무조건 노비로 삼기로 한 것이다. 관기들이 남편을 자주 바꾼다는 것이 이유였다.

세종 28년 7월 29일(1446. 8. 21.)에는 관기의 입장을 반영하는 조치가 나왔다. 관기가 관리의 자식을 낳았을 경우, 관리의 신청에 따라 자녀를 양인으로 삼을 수 있도록 한 것이다. 단, 조건이 있었다. 그 자녀와 비슷한 또래의 다른 아이를 관청 노비로 바쳐야 했다. 성종 9년 11월 21일(1478. 12. 14.)에는 "지금부터는 종친과 상하 관리가 집에 데리고 있는 기첩 외에, 서울·지방의 기첩을 범하여 낳은 자녀는 값을 치르고 양인으로 삼을 수 없도록 하라"는 개정 조치가 내려졌다. 종친이나 관리가 '집에 데리고 있는 기첩〔家畜妓妾〕'에게서 생긴 얼자만을 양인으로 인정한 것이다. 이 조치는 《경국대전》

에 반영되었다. 물론 성종 9년의 조치로 양인이 될 수 있었던 기첩 소생의 얼자는 얼마 되지 않은 듯하다. 기첩을 집에 데리고 있을 수 있는 종친이나 관리의 수가 실제로는 그리 많지 않았을 것이기 때문이다.

노비 막심이 가족의 매매 현장
노비의 몸값

노비가 물건으로 취급되었다는 것은 누구나 다 아는 이야기다. 하지만 구체적 실상을 파악하려면 노비 매매 현장을 방문하지 않으면 안 된다. 지금으로부터 430여 년 전에 작성된 고문서로부터 그 현장을 살펴보자.

노비 막심이 가족의 매매 서류[28]

萬曆七年己卯六月初七日幼學辛汝珪前明文
右明文爲臥乎事此段貧寒所致以家翁衿得父邊傳來收貢爲如乎
　黃海道白川金國倉北井串里居奴莫古伊四所生奴莫心年五壬午生
　同奴得後七所生奴莫同年癸亥生等矣身乙楮貨七千張價五六升木
　拾五正以交易捧上爲遣後所生幷以永永放賣爲去乎後次良中
　同生子息族類等亦相爭隔有去乙此明文內乙用告官辨正
爲乎事
　　　　　　　　　　　奴主故學生羅允緯妻郭氏

證家翁同姓四寸 羅允愿
執筆家翁同生兄定虜衛羅允積

만력 7년 기묘년 6월 7일 유학 신여규 전前 명문(약정서)
이 약정서가 다루고자 하는 것은, 가장이 상속한 아버지 쪽 공물 수급
권을 빈곤한 사정 때문에 처리하는 일입니다.
황해도 백천군 금국창 북정관리 거주. 노비 막고와 이사의 사이에서
출생한 노비 막심. 나이는 임오년 생. 이 노비가 후칠을 얻어서 낳은
노비 막동. 나이는 계해년 생. 이들의 몸을 저화 7,000장, 가격으로는
오륙승목 15필에 거래하고 이후의 소생도 함께 영구적으로 매도하오
니, 나중에 형제·자녀·친족들이 분쟁을 걸게 되면 이 약정서를 갖
고 관청에 고해 사실을 밝힐 수 있도록 하고자 합니다.

노비주: 고故 학생 나윤위의 처, 곽씨
증인: 가장의 동성同姓 사촌, 나윤원
집필자: 가장의 형, 정로위 나윤적

노비 매매를 법적으로 완성하려면, 명문明文 외에도 노비주의 초
사招辭(확인서), 증인·집필자의 초사, 소지所志(신청서), 입안立案(관청의
인증서)이 더 필요했다. 명문만 확인해도 노비 매매의 실상을 확인할
수 있으므로 여기서는 이 내용만 소개한다.

위 인용문에서 보이는 만력 7년 6월 7일자 명문은 노비주가 상대
방에게 노비를 양도하는 내용을 담고 있다. 언뜻 보면 한문 문장 같
지만, 한문 외에 이두와 구결口訣[29]까지 함께 사용되었다. 이 문서의

형식인 명문은 지금의 '약정서+영수증'에 해당한다. 번역문에서 확인할 수 있듯이, 이 명문의 작성 주체는 매도인이다. 오늘날의 계약서에는 매도인과 매수인이 함께 서명하지만, 명문은 매도인이 매수인에게 일방적으로 선언하는 형식이었다. 어떤 물건을 넘기고 어떤 대가를 받았다는 내용을 써서 넘겨주기 때문에, 매수인 입장에서는 자신이 명문 작성에 간여하지 않더라도 권리를 증명할 수 있게 된다. 중국에서도 이런 식으로 법률 행위가 이루어졌다. 조선시대의 중국어 회화 교본인 《노걸대老乞大》에 예시된 '말 매도' 약정서에도 매도인과 중개인의 이름밖에 등장하지 않는다.[30] 명문에 따르면, 노비 매매가 발생한 시점은 중국 달력으로 만력 7년 6월 7일이고 서기로는 1579년 6월 30일이다. 임진왜란이 발생하기 13년 전이다. 매도인은 나윤위의 미망인인 곽씨다. 나윤위 앞에 붙은 학생學生이란 표현은, 매수인인 신여규 앞에 붙은 유학幼學과 대비되는 개념이다. 유학을 공부했지만 관직을 받지 못한 사람은 유학, 그렇게 살다가 죽은 사람은 학생이라 불렀다. 나윤위와 신여규 모두 양반이 아니었나 하고 생각할 수도 있지만, 반드시 그렇게 판단할 수는 없다. 오늘날의 '선생님' 같은 존칭이라고 생각하면 된다.

  매매의 대상인 노비는 황해도 백천군에 거주하는 막심이와 막동이다. 이 점은 이들이 외거노비였음을 증명한다. 근거는 관청의 인증서인 입안에 있다. 입안에 따르면, 곽씨의 거주지는 청주목이었다. 그러므로 이 계약의 본질은, 노비가 주인에게 납부하는 공물의 소유권을 이전하는 데 있었다. "이 약정서가 다루고자 하는 것은 …… 공물 수급권"이라는 문장은 바로 그 점을 보여준다. "가장이

상속한 아버지 쪽 공물 수급권"이란 표현은 막심·막동이의 소유권이 나윤위의 아버지로부터 나윤위에게 이전되었음을 의미하는 것이다. 노비 관련 문서에는 매도인이 어떤 과정을 거쳐 노비를 소유하게 되었는지를 적어야 했다.

막심이와 막동이의 프로필을 자세히 살펴보자. 막심이는 임오년에 출생했다. 음력인 임오년에 태어났다면, 출생 연도는 양력으로 1522년이거나 1523년이다. 음력을 기준으로 하면 계약 당시 막심이는 쉰여덟 살이었다. 막동이는 계해년에 태어났다. 1563년이나 1564년에 태어난 것이다. 음력으로 하면, 계약 당시 막동이는 열일곱 살이었다.

명문에서도 언급됐다시피, 이들은 부모자식 관계다. 막심이가 마흔두 살에 막동이를 낳은 것이다. 이로부터 우리는 막심이의 성별을 확인할 수 있다. 막심이는 여성이다. 막심이란 이름 자체가 여성스러워서가 아니라, 그와 그의 자식인 막동이가 한 집에 있다는 사실에서 그 점을 추정할 수 있다. 만약 계약서에 막심이의 자식이 안 나타났다면, 그가 여성인지 남성인지 분간할 수 없었을 것이다. 아니, 계약서에 부모자식이 함께 언급됐다면 그 부모가 아버지일 수도 있고 어머니일 수도 있지 않은가? 그렇지 않다. 노비 계약서에 관한 한, 그 부모가 어머니라고 생각해도 무방하다. 노비는 어머니의 혈통을 따랐기 때문이다. 그래서 막심이는 여성인 것이다. 막심이가 막고에게서 태어났다고 했기 때문에, 막고 역시 여성이다. 외할머니–어머니–자식의 혈통이 약정서에 나타난 것이다. 막고·막심은 여성이라는 것을 알 수 있지만, 막동의 경우는 이를 확인할 수 없다. 막동이란 이름을 봐서는 남자아이가 아닌가 하고 생각할 수도 있지만, 막동이라 불린 여자 노비가 다른 계약서에 등장하는 점을 볼 때 막동이란 이름은 남자뿐 아니라 여자도 사용했다.

막고-막심-막동이 똑같이 '막' 자로 시작한다는 점도 흥미롭다. 노비 3대의 이름이 똑같이 '막' 자로 시작한 것이다. '막' 자가 혹시 성씨는 아니었을까? 그렇지는 않다. 성씨였을 가능성은 아예 없다. 노비 문서에는 노비의 성씨가 나타나지 않는다. 게다가 대부분의 노비는 성씨 자체가 없었다. 그러므로 '막' 자는 성씨가 아니라 이름의 첫 글자였던 것이다.

이름에 돌림자를 사용하는 것은 형제간에나 있을 수 있는 일이다. 그런데 막고-막심-막동 3대에게 돌림자를 붙였다. 노비주인 나씨 집안에서 그렇게 한 것은, 이름만 갖고도 노비의 혈통을 구분하기 위해서였을 것이다. 노비주의 입장에서는 노비 상호 간의 부모 자식 관계 같은 것은 안중에도 없었던 것이다. 개돼지만큼의 취급도 받지 못한 조선시대 노비의 실상을 보여주는 대목이다.

명문에서 눈길을 끄는 또 다른 부분은 노비의 몸값이다. 막심·막동은 일괄적으로 저화 7,000장에 매매되었다. 노비의 몸값에 관한 《경국대전》〈형전〉의 규정은 이렇다. "나이 열여섯 살 이상 쉰 살 이하면 가격이 저화 4,000장이고, 열다섯 살 이하이거나 쉰 살 이상이면 저화 3,000장이다." 막심이는 쉰여덟 살이었다. 따라서 막심이의 몸값은 저화 3,000장이다. 막동이는 열일곱 살이라 했으니 몸값은 저화 4,000장이었다. 그러므로 두 사람은 〈형전〉의 규정에 따라 7,000장에 일괄 매매되었던 것이다.

그럼, 저화 한 장의 가치는 어떠했을까? 《태종실록》에 따르면, 저화를 최초로 통용시킬 당시인 태종 2년 1월 9일(1402. 2. 10.)에 조정에서는 저화 한 장을 쌀 두 말(20되)과 교환하도록 했다. 하지만 저화는 조정의 생각대로 유통되지 않았고 저화의 가치는 계속 떨어졌다. 그러자 세조시대에 저화와 쌀의 교환 비율을 조정했다. 저화 한 장을 쌀 한 되와 교환하도록 했다. 태종시대에 비해 저화의 가치가 20분의 1로 하락한 것이다. 세조시대에 정한 이 환율이 《경국대전》에 규정되었다. 《경국대전》〈호전〉에서는 "저화 한 장은 쌀 한 되에 준한다"고 못을 박았다.

이를 근거로 막심과 막동의 몸값을 환산해보자. 막심의 몸값인 저화 3,000장을 쌀로 환산하면 3,000되이니 곧 30석 정도다. 이를 지금의 우리에게 익숙한 가마니로 환산하면 60가마니쯤 된다. 《심청전》에서 심청은 공양미 300석에 몸을 팔았다. 막심의 몸값은 심청이의 10분의 1밖에 안 되었던 것이다. 2012년 현재 홈플러스나 이마트 같은 대형 마트에서 쌀 20킬로그램(0.25가마니)이 보통 4~5만 원에 거래된다는 점을 감안하면, 60가마니는 4,800킬로그램이고 4,800킬로그램은 960만 원에서 1,200만 원 사이다. 이것이 막심의 몸값이었다. 한편, 막동의 몸값은 쌀 40석 즉 80가마니다. 막동의 몸값을 요즘의 일반미 가격으로 환산하면 1,280만 원에서 1,600만 원 사이다.

우리가 기억해야 할 것은 법이 규정한 노비의 '가격'이 쌀 60가마니 혹은 80가마니였다는 점이다. 960~1,200만 원 혹은 1,280~1,600만 원은 그냥 참고 자료로만 활용해야 한다. 이것은 쌀 60가마니나 80가마니의 가치를 쉽게 이해할 수 있도록 하기 위해 제시한 자료일 뿐이다. 사실, 조선시대의 쌀 한 가마니는 오늘날의 쌀 한 가마니보다 훨씬 더 값어치가 컸다. 오늘날은 과거에 비해 쌀이 훨씬 더 풍부할 뿐 아니라 쌀에 대한 의존도가 낮다. 그래서 똑같은 쌀 한 가마니일지라도 지금보다는 옛날의 가치가 훨씬 더 높았다고 보아야 한다. 그러므로 쌀 60가마니 혹은 80가마니는 조선시대에는 960~1,200만 원 혹은 1,280~1,600만 원보다 훨씬 더 비싸게 느껴졌을 것이다.

또한 《경국대전》의 노비 몸값은 어디까지나 법률이 정한 공시 가격이었다. 실제의 거래 가격은 달랐을 수도 있다. 막심과 막동을 매매한 당사자들은 관청에 제출하는 서류에만 공시 가격을 적었을 수도 있다. 노비들이 실제로 얼마에 거래되었는지를 파악하기 위해, 항목을 바꾸어서 이야기를 계속해보자.

노비들의 실제 몸값

노비들이 실제로 얼마에 거래되었는지를 보여주는 기록 중 하나가 《태조실록》에 있다. 제1차 왕자의 난이 발생하기 2개월 전인 태조 7년 6월 18일(1398. 7. 31.)이었다. 형조 산하의 노비 담당 부서인 형조도관(장례원의 전신)에서 태조에게 "노비 가격은 대부분의 경우에 오승포五升布 150필을 넘지 않습니다. 말의 가격은 400~500필에 달합니다. 이는 가축은 중히 여기고 사람은 가벼이 여기는 것이니 이치에 맞지 않습니다"라고 보고했다.

즉, 당시 노비의 거래 가격은 말의 3분의 1밖에 안 된 것이다. 이 보고서에서 우리는 흥미로운 분위기를 느낄 수 있는데 노비의 인격을 인정하고 그들의 처지에 대해 동정을 표하고 있다는 점이다. 고려 말 신진사대부들이 노비를 포함한 서민세력의 지지를 바탕으로 조선을 건국할 수 있었다는 사실을 고려하면, 그들이 노비에 대해 따뜻한 시선을 가진 이유를 짐작할 수 있다. 물론 노비의 처우가 근본적으로 개선된 것은 아니지만, 이전 시대와 비교할 때 조선시대에 노비들의 처지가 개선된 것만큼은 엄연한 사실이다.

조선시대 경제사 연구자인 김용만은 《조선시대 사노비 연구》[31]에서 17세기 후반부터 19세기 후반까지 거래된 노비 151명의 몸값을 제시했다. 이에 따르면, 18세기 후반까지만 해도 동전 40냥 이상으로 거래된 노비는 없었다. 참고로, 상평통보 10문文은 1전錢, 10전은 1냥이었다. 그런데 19세기 전반에 거래된 37명 중에는, 40냥 이상에 팔린 노비가 다섯 명이나 되었다. 그중 두 명은 70~80냥 수준이었다. 19세기 후반에 거래된 18명 중에는, 100냥을 넘은 노비가 두 명이나 되었다. 그중 한 명은 575냥이라는 고가에 거래됐다. 남자보다는 여자가, 노인보다는 청년이 비싼 값에 거래됐다. 여자 노비의 값이 더 높았던 것은, 여자는 새로운 노비를 '생산'할 수 있었기 때문이다. 여자 노비 가운데에는 노동력으로 활용할 노비보다는 첩으로 활용할 노비가 비싼 값에 거래됐다. 보통 가격보다 훨씬 높은 가격에 거래된 여자 노비들은 거의 다 첩이었다고 보면 된다. 그런데 동아시아에서 여자 노비가 남자 노비보다 항상 비쌌던 것은 아니다. 중국 송나라 유의경劉義慶이 서기 3~4세기 중국의 생활상을 담은 《세설신어世說新語》의 〈덕행德行〉 편에는 "노의 값이 비보다 갑절이다"란 문장이 나온다.

17세기 후반부터 19세기 후반까지를 전체적으로 보면, 151명은 주로 5~20냥에 거래됐다. 이 가격대에 거래된 노비는 모두 100명이다. 일반적인 노비 가격은 이 정도 수준이었다고 보면 된다. 경제사 연구자인 이영훈과 박이택이 제시한 경상도 경주의 쌀값 추이를 근거로 할 때,[32] 경주에서는 쌀 한 석 즉 두 가마니의 평균 가격이 18세기 전반기에는 1.5냥, 18세기 후반에는 1.8냥, 19세기 전반에는 2.1냥, 19세기 후반에는 5.8냥이었다. 노비들이 보통 5~20냥에 거래됐다는 것은 18세기 전반으로 치면 노비가 쌀 7~27가마니에, 18세기 후반에는 6~22가마니에, 19세기 전반으로 치면 5~19가마니, 19세기 후반에는 2~7가마니에 거래됐다는 뜻이다. 전반적으로 볼 때, 노비의 몸값이 지속적으로 떨어졌다고 볼 수 있다.

노비의 법정 가격은 쌀 60가마니 혹은 80가마니였다. 그런데 현실적인 노비 시장에서는 훨씬 더 싼 가격에 '물건'이 거래됐다. 막심과 낙농의 몸값도 매매 명문에 적힌 것보다 낮았다고 보아야 한다. 공시가가 실거래가보다 낮은 오늘날의 부동산 시장과 대조되는 현상이다.

그럼, 공시가가 실거래가보다 훨씬 더 높았던 이유는 무엇일까? 이는 조선 정부가 일부러 노비의 법정 가격을 시장 가격보다 높게 설정했음을 의미하는 것이다. 이렇게 한 의도를 파악하려면, 조선 정부가 노비 매매를 신고제로 운영한 것도 함께 살펴볼 필요가 있다.《경국대전》〈형전〉에 따르면, 노비를 매매할 때는 관청에 신고하도록 하고, 신고 없이 매매할 경우에는 노비와 거래 대금을 모두 몰수했다. 이렇게 신고제로 노비 매매를 운영함과 동시에 실거래가보다 훨씬 높게 노비의 법정 가격을 정한 것은, 조선 정부가 기본적으로 노비 매매를 제한하는 기조를 취했기 때문이다. 노비를 한 곳에 묶어두는 것이 경제 성장에 이롭다고 판단한 것이다. 토지에서 농산물을 생산하는 것을 근간으로 하는 농업사회에서, 토지 경작자가 자주 바뀌는 것은 경제적으로 이롭지 않다. 이것은 농업경제를 불안정하게 하는 요인이다. 실질적인 토지 경작자인 노비가 이곳저곳으로 옮겨 다니기보다는 같은 토지를 오래도록 개간하는 것이 국가경제에 이로웠던 것이다. 그러자면 노비를 한 주인에게 묶어두는 편이 나았다. 그래서 가급적이면 노비 매매를 억제하고자 했던 것이다. 이 외에도, 노비에 대한 조선 건국세력의 우호적 관점도 그들로 하여금 노비 매매를 억제하도록 했다고 볼 수 있다. 노비의 몸값을 높이 설정하면 그들이 물건처럼 이리저리 팔려 다니는 일이 그만큼 적어질 수밖에 없었기 때문이다.

  어떤 의도에서였든지 간에 정부에서는 노비 몸값을 높이 잡았지만, 현실적으로 노비는 그런 값에 거래되지는 않았다. 18세기 전반에서 19세기 후반까지 일반적인 노비들은 쌀 2~27가마니에 거래되었다. 노비제도가 공식 폐지되기 직전인 19세기 후반에는 쌀 두 가마니에 거래되는 사례도 비일비재했다. 18세기 전반에서 19세기 후반에 노비 몸값이 지속적으로 하락한 이유에 관해서는 뒷부분에서 설명할 것이다.

10년치 의무를 이행한 도망노비, 김의동

노비의 의무

신분 세탁으로 재상까지 오른 노비 반석평에 관한 이야기가 앞에 서 나왔다. 《어우야담》에 나오는 김의동金義童도 비슷했다. 김의동은 처음에는 노비였다가 나중에 적어도 종3품 부사 이상으로 승진했다. 두 사람이 서로 다른 측면도 있다. 반석평이란 이름은 신분 세탁 후의 이름인 데 반해, 김의동이란 이름은 신분 세탁 이전의 이름이라는 점이다. 반석평은 자신이 노비 출신이라는 사실을 조정에 신고하여 사면을 받았다. 김의동이 그렇게 했다는 기록은 없다. 그는 계속해서 신분을 숨겼다. 노비 김의동이 신분 세탁 후에 어떤 이름을 가졌는지는 세상에 알려지지 않았다. 그가 신분 세탁 사실을 끝까지 숨겼다는 점은 그의 관직 명칭이 허구로 처리된 데서도 드러난다. 그렇기 때문에, 혹시라도 《성종실록》, 《연산군일기》, 《중종실록》에 나오는 김의동이 여기의 김의동일 것이라고 오해해서는 안 된다.

그런데 부사 자리에 있는 ○○○가 노비 김의동이었다는 사실이 어떻게 세상에 알려졌을까? 그것이 세상에 공개되었다면, 신분 세탁 이후의 이름과 관직 명칭이 어째서 허구로 처리된 걸까? 이 이야기를 읽다 보면 궁금증을 해소할 수 있을 것이다.

옛 동료를 우연히 만난 김의동

김의동은 한성에 사는 신씨愼氏의 솔거노비였다. 《어우야담》에 실린 그의 고사에 향鄕이란 천민 거주지가 나오는 것으로 보아, 조선 전기 때의 사람으로 추정할 수 있다. 그는 나무를 하거나 말에게 먹일 꼴을 베는 일을 담당했다. 그러다가 19세 때 주인집에서 탈출했다. "나무를 하고 꼴 베는 고통을 감당할 수 없어서" 그렇게 했다고 《어우야담》은 말한다. 육체적으로 힘들어서보다는 적성에 안 맞아서 그랬던 듯하다. 노비 신분을 숨기고 종3품 부사까지 올랐다면, 의지가 대단한 사람이다. 부사란 자리는 오늘날로 치면 대규모 기초자치단체장(1급)에 맞먹는 자리로 수원시장급이다. 웬만한 의지를 가진 노비라면 이런 자리는 꿈도 꿀 수 없다. 노비 출신으로 부사까지 오른 그였으니 고된 노동쯤은 얼마든지 이겨낼 수 있는 의지가 있었다. 그런 그가 육체노동을 못 견딘 것은 일이 적성에 맞지 않았기 때문이다.

법정 가격으로 저화 4,000장, 쌀 80가마니짜리 젊은 노비가 도망을 갔으니, 신씨 집안에서는 어떻게든 김의동을 잡으려 했을 것이다. 하지만 그의 행적은 찾을 수 없었다. 그런 상태로 10여 년이 흘렀다. 신씨 집의 업산業山이란 노비가 외거노비들에게서 세공을 징수할 목적으로 영남으로 떠난 뒤에 비로소 김의동의 소재가 드러났다.

충청도 괴산과 경상도 문경 사이에 '새재'란 고개가 있다. 조령鳥嶺이라고도 한다. 한성을 떠난 업산이 말을 타고 새재를 넘을 때였다. 웬 고관이 수행원과 군병들을 잔뜩 이끌고 행차하는 것이 보였다. "물렀거라!" 길을 벽제辟除하는 소리도 들렸다. 업산은 얼른 말에서 내려 길가에 엎드렸다. 하지만 고관이 어떻게 생겼나 궁금했다. 그래서 슬그머니 고개를 들어보았다. 순간, 업산은 놀랐다. 낯익은 얼굴이 보였다.

수업 시간에 짝궁과 장난을 치는 학생은 선생님이 자기 행동을 모를 거라고 생각한다. 하지만 교탁에서는 학생들의 사소한 움직임까지 다 포착된다. 업산은 자신이 훔쳐보는 것을 고관이 모르리라 생각했지만, 그가 고개를 쳐드는 순간 고관의 눈길도 그리로 따라 움직였다. 그리고 업산과 고관의 눈길이 부딪혔다.

행렬이 지나간 뒤, 업산은 가던 길을 계속 갔다. 분명히 아는 얼굴이었지만, 그렇다고 따라가서 물어볼 수도 없었다. 무슨 봉변을 당할지 알 수 없었다. 그렇게 의아함을 감추며 1리쯤 걸어갔다. 뒤를 돌아보니, 군병 몇이 되돌아오고 있었다. 업산은 당황해서 넋이 나갔다. 군병들은 업산을 산골짜기로 데려갔다. 그곳에서 사람들이 진을 치고 있었다. 대형 장막도 보였다. 거기서 고관이 나왔다. 그는 업산을 정중히 맞이했다. 그리고는 장막 안으로 데려갔다. 장막 안은 휘황찬란했다. 붉게 화장한 여인들이 수십 명이나 되었다. 시중드는 여인들이었다. 잠시 후 여인들이 커다란 상을 차려왔다. 진수성찬이었다. "제후의 부를 방불케 했다"고 《어우야담》은 말했다.

고관은 다시 한 번 공손히 읍揖한 뒤 자신의 정체를 밝혔다. 그 옛날 김의동이란다. 얼떨떨한 표정이 된 업산은 어떻게 된 일이냐고 물었다. 김의동의 말을 정리하면 이렇다. 주인집에서 도주한 뒤에 그는 신분 세탁부터 했다. 그런 다음에 최포향崔浦鄕이란 곳에서 정장亭長 생활을 했다. 정장에 관해서는 여러 가지 설명이 있지만, 여기서는 《세종실록》[33]의 용례만 소개하겠다. 이에 따르면, 당시의 나루터에는 관장官長이나 정장 같은 간부 외에 나루치라는 일꾼이 있었다. 최포향의 포浦가 '물가'를 의미한다는 점을 고려할 때, 김의동이 역임한 정장이란 것은 나루터의 간부였던 것으로 보인다. 정장 생활을 하던 김의동은 나중에 '녹림현감'에 올랐다가 '황주부사'로 승진했다. 황주부사로 근무하던 중에, 한성에서 내려오는 고관을 맞이하러 새재까지 나갔다가 '만나고 싶지 않은 사람'을 만난 것이다. 노비가 신분을 숨기고 나루터 간부로 시작해서 10여 년 만에 부사의 지위까지 올랐으니, 그가 얼마나 맹렬히 살았을지 짐작할 수 있다.

　김의동의 임지였던 최포향, 녹림현綠林縣, 황주부潢州府는 가공의 지명이다. 서두에서 언급했듯이, 반석평은 출세한 뒤 자신의 정체를 밝혔지만 김의동은 그렇게 하지 않았다. 김의동은 신분 세탁 후 이름이나 근무지를 숨겼다. 그는 업산을 후히 대접했다. 후히 대접할 수밖에 없었다. 업산이 한성에 돌아가서 사실을 이야기하면 자신의 공든 탑이 무너질 수도 있었기 때문이다. 김의동은 시종에게 고급 비단 50필을 갖고 오라 명령했다. 그는 그중 열 필을 업산에게 주고 나머지는 주인집에 주라면서 말했다. "삼가 10년치 세공을 바칩니다." 김의동이 업산에게 건넨 비단으로 신씨 집안이 갑자기 부자가 되었다고 하니 업산이 받은 열 필도 값이 꽤 나갔음을 추측할 수 있다.

당시 사람들은 노비 김의동이 부사가 되었다는 사실만 알았을 뿐, 그가 어떤 이름으로 어디서 근무하는지는 알 수 없었다. 그저 최포향이니 녹림현이니 황주부니 하는 가공의 지명들만 들었을 뿐이다. 신씨 집안과 업산이 신분 세탁 후의 김의동에 대해 알고 있었다 해도, 비단을 받았으니 함구할 수밖에 없었을 것이다.

이제, 우리가 주목할 부분은 김의동이 주인에게 바친 10년치 세공이다. 그가 준 40필의 고급 비단 덕분에 주인집은 단번에 부자가 되었다. 그럼, 일반적인 경우에 노비는 주인에게 얼마만큼의 세공을 바쳤을까?

사노비의 의무

솔거노비는 무형의 노동력을 제공했다. 반면에 외거노비는 원칙적으로 유형의 물건을 제공해야 했다. 그것이 쌀인지 면포인지 무명인지 금전인지는 주인과 노비가 결정할 문제였다. 영조 22년(1746)에 편찬된 《속대전續大典》〈형전〉에서는 해마다 남자 노비는 면포 두 필, 여자 노비는 면포 한 필 반을 주인에게 납부하도록 했다. 그러나 실제로는 좀 달랐다. 이미 18세기 현종 때부터 남자 노비는 한 필 반, 여자 노비는 한 필을 납부하도록 했다.

면포 한 필은 얼핏 들으면 별 것 아닌 것 같을 수 있다. 하지만 길이 35자(약 10.5미터)짜리인 면포 한 필은 대단한 가치를 갖고 있었다. 경상도 영덕군에서 1560년경에 논 한 마지기가 면포 세 필에 거래된 사례가 있고, 1578년경에는 3.6필에 거래된 사례가 있다.[34] 조선 전기에는 면포 한 필로 논 3분의 1 마지기를 매매하는 사례도 있었다. 노비 가정에 노비가 적어도 세 명 정도 있었음을 감안하면, 노비 가정에서 해마다 논 한 마지기 이상의 세공을 바친 셈이 된다. 법률 규정보다 더 내거나 그 반대의 경우도 있었을 테지만, 법규만으로 보면 노비가 바쳐야 할 세공이 상당히 많았음을 알 수 있다.

노비 가정의 재산이 해마다 논 한 마지기 이상 늘어났을 리도 없는데, 주인집에서는 그 정도의 재산증식을 이루었으니, 노비들이 얼마나 심하게 착취를 당했는지 짐작할 수 있다. 이렇게 가중한 착취를 당했으니, 노비들이 만성적인 가난에서 헤어나기는 힘든 일이었다. 가족이 중병에라도 걸리거나 가뭄이나 홍수 피해라도 한번 당하게 되면, 그나마 모아둔 재산을 다 탕진해야 했을 것이다.

노비는 법적으로 물건 같은 존재이므로, 국가에 대해 의무를 지지 않는 것이 원칙이었다. 하지만 실상은 그렇지 않았다. 비록 부가적인 의무이기는 하지만, 국가는 이들에게 병역 의무를 부과했다. 일종의 예비군인 잡색군雜色軍과 속오군束伍軍에 편성된 것이다. 공·사 노비를 다 포괄한 잡색군은 조선 전기에, 사노비 위주로 운영된 속오군은 조선 후기에 있었다. 잡색군이 사실상 유명무실했던 데 비해, 임진왜란을 계기로 성립한 속오군은 어느 정도 기능을 발휘했다. 하지만 나중에는 국가에 대가를 지급하고 속오군에서 빠지는 사노비들이 많았다.

공노비의 의무

공노비는 선상노비와 납공노비로 분류된다. 《경국대전》〈호전〉에서는 열여섯 살 이상 예순 살 이하의 납공노비는 여자인 경우는 면포 한 필 및 저화 열 장을, 남자인 경우는 면포 한 필 및 저화 스무 장을 납부하도록 했다. 선상노비의 경우, 한성에서는 2교대로, 지방에서는 7교대로 관청에 나가 근무하도록 했다. 관기의 경우에는 관청의 부름에 따라 성적 서비스를 제공해야 했다.

여기서는 선상노비가 조선시대 행정의 근간이었다는 사실을 살펴보고자 한다. 윤기의 반중잡영을 읽다 보면, 조선의 행정이 사실상 이들에 의해 지탱되었다는 사실을 실감할 수 있다. 반중잡영에 "관비가 낳은 것은"이라는 구절로 시작하는 시가 있다.

관비館婢가 낳은 것은 직동直童이요
다른 비婢한테서 태어나면 이원吏員으로 충원된다
재직齋直이 자라면 또 수복守僕이 되니
반인泮人들도 서마나 똑같지 않다

관비館婢는 관노비 중에서도 성균관 여자 노비를 말한다. 직동은 재직이라고도 하는데 성균관에서 심부름하는 꼬마 노비를 가리킨다. 드라마 〈성균관 스캔들〉에서 이런 꼬마들이 나왔다. 이들이 커서 성균관 일꾼인 수복이 되었다. 성균관에 속한 선상노비가 직동(재직)에서 수복으로 성장하는 모습을 시에서 확인할 수 있다.

시에서는 또 다른 정보도 제공하고 있다. 반촌 사람들이라고 해서 무조건 다 성균관 노비가 되는 것은 아니었다. 다른 관청의 노비가 되는 사람들도 있었다. 다른 관청에 속한 노비의 몸에서 태어난 아이는 성균관의 선상노비가 되지 않는다. 아버지가 성균관 노비일지라도 어머니가 다른 관청의 노비이면 자식은 어머니를 따라간다. 반촌의 꼬마들 중에는 어머니를 따라 성균관으로 가는 경우도 있고 다른 관청으로 가는 경우도 있었기 때문에, "반인들도 저마다 똑같지 않다"라 한 것이다.

주목할 부분은 "다른 비한테서 태어나면 이원으로 충원된다"는 구절이다. 반촌에서만 이원이 나오는 게 아니었다. 여타 지역의 노비들 속에서도 이원이 나왔다. 이원이란 무엇일까?

관리官吏란 말이 있다. 오늘날에는 관리와 관원을 동의어로 본다. 그러나 옛날 사람들은 달랐다. 그들은 '관리=관원+이원'으로 이해했다. 관원이란 과거시험이나 음서를 통해 관직에 진출한 사람을 가리켰다. 이들은 나라로부터 봉급을 받았다. 이원은 관원 밑의 서리書吏나 아전 혹은 아역衙役이었다. 서리는 주로 문서를 다루는 사람들이고 아역은 심부름꾼 수준의 일꾼들이었다. 관원과 이원의 지위는 하늘과 땅 차이였다. 이원의 상당수는 노비였고 그들의 근무는 의무복무였다. 그래서 노비 출신의 이원은 봉급을 받을 수가 없었다.

중국에서는 서리들에게 지방행정을 사실상 맡겨놓고도 봉급을 지급하지 않았다. 청나라를 예로 들면, 지방 관청에서 고용할 수 있는 정식 서리는 적게는 몇 명에서 많게는 서른 명이었다. 하지만 실

청나라 관청 | 사진은 순천부(북경) 소속 완평현의 청사다. 중일전쟁의 단초를 제공한 노구교(루거우차오) 사건이 이 부근에서 발생했다.

제로는 적게는 100명 이상, 많게는 1,000명 이상을 고용했다.[35] 이 많은 사람들이 봉급을 받지 못했으니 부정부패가 심해지는 것은 당연했다. 청나라가 멸망한 지 6년 뒤에 완성된 루쉰魯迅의 《광인일기狂人日記》에는 청나라 때의 부조리를 묘사한 문장이 나온다. "지현知縣(지방장관)에게 칼 씌움을 당했던 자도 있고, 신사紳士(중국식 양반)에게 뺨을 맞았던 자도 있고, 아전에게 자기 마누라를 뺏긴 자도 있고, 부모가 빚쟁이에게 핍박 받아 죽은 자도 있는데"라는 부분이다. 봉급을 받지 못한 아전, 즉 서리들이 부정부패만 저지르는 게 아니라 지방민들을 괴롭히기까지 했음을 알 수 있다. 그런데도 그들을 쉽게 처벌할 수 없었던 것은, 이들이 없으면 지방행정이 돌아가지 않았기 때문이다.

　조선의 행정 실무가 사실상 이원들에 의해 수행되었다는 점은, 과거시험의 본질에서도 드러난다. 과거시험은 관원을 뽑는 시험이었다. 그런데 이 시험은 행정 전문가를 뽑는 시험은 아니었다. 이 시험에서 뽑힌 사람들은 유교경전을 이해하고 시를 잘 짓는 이들이었다. 이들은 기본적으로 철학자이자 문학가였다. 그런데도 조선의 관청은 이들에 의해 장악되었다. 학술관청이든 행정관청이든 군사관청이든 기술관청이든, 벼슬아치라 불린 관원들은 기본적으로 선비 출신의 문관이었다. 선비들은 성리학 이념에 입각해서 자기 부서를 철학적으로 경영했고, 실무는 구실아치라 불린 서리나 아역들이 담당했다. 장관에서 말단까지 관원들은 하나같이 실무에는 비전문가였으니, 실무를 수행하는 이원의 역할이 클 수밖에 없었다.

　조선시대에는 예조판서를 지낸 사람이 갑자기 병조판서가 됐다가 공조판서로 자리를 옮기는 것과 같은 일이 비일비재했다. 예컨대 세종대왕의 특급 참모였던 맹사성孟思誠은 예조·호조·공조·이조판서를 두루 역임했다. 이렇게 6조 판서를 두루 역임한 이들은 한둘이 아니다. 그렇다고 그들이 해당 부서의 실무에 능숙했던 것은 아니다. 이렇게 고급 관직에만 비전문가들이 임명된 게 아니다. 하급 관직도 마찬가지였다. 일례로, 경전 지식이 해박하고 언변에 능

조광조의 생가 터 | 조광조는 성균관의 추천으로 종이 제작을 담당하는 기관의 책임자로 임명되기도 했는데, 이처럼 비전문가가 관청의 책임자가 된다고 해도 실무는 이원들이 수행했기 때문에 관청은 원활히 운영될 수 있었다. 서울시 종로구 낙원상가 소재.

했던 조광조는 중종 10년 6월 8일(1515. 7. 18.) 성균관의 추천으로 종6품인 조지서造紙署 사지司紙에 임명되었다. 조지서란 종이 제작을 담당하는 기관으로 공조 산하의 관청이고, 사지는 그곳 책임자였다. 조광조가 조지서 사지에 임명된 것은 그가 종이 제작에 노하우가 있었기 때문이 아니다. 이렇게 비전문가들이 관원 자리를 차지하는데도 나라가 잘 운영됐던 것은, 각 관청의 이원들이 실무를 수행했기 때문이다. 행정계획을 수립하고 문서를 처리하고 예산을 집행하는 이원들이 자신들의 역할을 충분히 해냈기 때문에 국가행정과 지방행정이 잘 운영될 수 있었던 것이다.

이렇게 조선의 행정이 사실상 이원들에 의해 장악되었다는 점은 북인당의 정신적 지주인 조식曺植의 상소문에서 역설적으로 드러난다. 《선조실록》³⁶에 실린 이 상소에서 조식은 서리들의 폐해를 통렬히 비판했다. 이원, 즉 서리들의 행정 장악으로 인한 문제점을 지적하면서 그는 이렇게 말했다.

지금 시대처럼 서리가 나라를 마음대로 했던 것은 들어보지 못했습니다. 정권이 대부에게 있어도 아니 될 판국에, 더군다나 서리에게 있다는 말입니까? 당당한 제후의 나라로서 200년 왕업에 힘입어 공·경·대부가 많이 배출되었건만, 이제 정치를 하인들에게 맡길 수 있겠습니까? 이것은 가벼이 흘려버릴 이야기가 아닙니다.

"200년 왕업"이란 구절은 이 상소문이 작성된 때가 1568년이었기에 나온 것이다. 건국으로부터 200년이 좀 안 된 시점이었다. 서리들의 행정 장악을 부정적으로 비판한 이 글 속에서, 우리는 서리들이 조선이란 나라를 실제적으로 이끈 역군들이었음을 알 수 있다.

사극이나 역사소설에 나오는 노비들은 무식한 사람들의 이미지를 띠고 있지만, 조선이란 나라의 행정의 많은 부분이 이들에 의해 운영되었으니 모든 노비들이 무식했다고 할 수도 없다. 이런 역할을 수행했는데도, 그들은 관에 얽매인 몸이라는 이유로 무보수로 일을 했다. 국가와 노비주로부터 착취를 당하면서, 무보수로 국가 행정에 기여한 조선시대 노비들. 이들만큼 가련한 존재들이 또 있을까.

화폐개혁을 거부한
부자노비, 불정

노비의 직업

상업으로 부자가 된 노비

5만 원권 지폐에 '한국은행' 표시가 없으면, 그것은 한낱 종잇조각이다. 신사임당이 있어야 할 자리에 유관순의 사진이 인쇄되었어도 마찬가지다. 한낱 종이에 불과할 수도 있는 5만 원권 지폐를 사람들이 주고받는 것은, 대한민국 정부가 지폐의 가치를 보증할 것이라는 신뢰감 때문이다. 또 그것은 대한민국 국민들이 그 '종잇조각'에 대해 5만 원의 가치를 인정할 것이라는 믿음 때문이다. 이처럼 '5만 원권'이 '5만 원어치'로 인정되려면, 정부와 국민 간의, 그리고 국민 상호 간의 신뢰관계가 구축되어야 한다. 그러므로 지폐가 유통되는 사회는 이런 신뢰관계에 토대를 둔 사회라 할 수 있다.

 조선 전기만 해도 이 땅에서는 그런 토대가 구축되지 않았다. 건국 10년 뒤인 1402년에 태종은 지폐인 저화를 강제로 유통시키려 했지만 실패했다(1차 시도). 8년 뒤인 1410년에 다시 시도했지만 역시 실패했다(2차 시도). 세종도 시도했지만 마찬가지였다. 성종 때는 《경국대전》을 통해 저화를 국폐國幣로 공인했지만, 사회 구성원들

간에 존재하는 지폐에 대한 불신감을 없앨 길은 없었다. 이때까지도 지폐가 유통될 만큼의 신뢰관계가 구축되지 않았던 것이다.

이번 장에서 소개할 사례는 2차 시도 때의 일이다. 조정에서는 저화를 강제로 통용시키기 위해 민간에서 화폐로 사용되던 '베'를 죄다 거둬들이고자 했다. 베가 없어지면 저화가 통용될 거라는 믿음에서였다. 조정에서는 베를 관아에 납부하면 그에 상응하는 저화를 지급하겠다고 선포했다. 화폐개혁 때 신 화폐를 구 화폐로 교환해주는 것과 마찬가지다. 하지만 백성들은 조정의 말을 듣지 않았다. 베를 꽁꽁 숨겨두고 내놓지 않은 것이다. 그래서 조정에서는 베를 은닉하는 행위를 단속했다. 그때 적발된 사람 중의 하나가 불정佛丁이란 남자였다.

포목점 간판 | 조선시대 전기에는 옷감이 화폐로 사용되었다. 사진은 경복궁 안에 복원된 옛날 거리에서 찍었다.

《태종실록》[37]에 따르면, 불정은 무려 1,500필의 베를 숨긴 죄로 체포되었다. 그가 숨긴 베는 추포麤布라 불리는 하급 품질이었지만 그렇더라도 1,500필은 엄청난 가치를 지닌 재물이었다. 앞에서 소개한 것처럼 논 한 마지기가 면포 세 필 정도에 거래된 사례들도 있다. 상당히 많은 양의 베를 숨겼기에 불정의 행위가 조정 차원에서 거론되고 실록에까지 기록된 것이다. 흥미로운 것은 불정의 신분이다. 그의 신분과 관련된 대목을 《태종실록》에서 살펴보자. 태종 11년 1월 21일(1411. 2. 13.) 열린 어전회의에서 다음과 같은 대화가 오고갔다.

> 호조판서 이응: "부상富商인 좌군노左軍奴 불정이 추포 1,500여 필을 남의 집에 옮겨두었습니다."
>
> 태종 이방원: "이 노비가 부상인데도 저화를 쓰지 않는 것은 법률의 틈을 엿보는 행동이다. 사헌부에서는 그 자를 추포追捕하라."

불정은 거상이었지만 신분은 노비였다. 조선 초기에 군무를 총괄하던 기구로 의흥삼군부義興三軍府가 있었다. 의흥삼군부는 중·좌·우 3군의 병력을 지휘했는데 좌군노 불정은 의흥삼군부의 좌군에 속한 공노비였다. 장사를 해서 큰돈을 벌었다는 것은 상업에 전력을 기울였다는 뜻이고, 상업에 전력을 기울였다는 것은 그가 선상노비보다는 납공노비였을 가능성이 높다는 뜻이다. 노비라면 흔히 마당을 쓸거나 시중을 들거나 농사일을 하는 사람을 연상하기 쉽지만, 불정의 예에서 나타나듯이 상업을 해서 큰돈을 버는 노비들도 있었다.

어전회의의 대화록에서 주목할 점이 있다. 호조판서나 태종은 노비가 상인이라는 사실과 거부를 축적했다는 사실을 당연하게 받아들이고 있다. 그들은 '이 노비(불정)가 부상인데도 저화를 쓰지 않았다'는 사실에만 격분할 뿐이다. 불정처럼 상업에 종사하는 노비들이 적지 않았음을 반영하는 것이다.

사농공상에 속한 노비들

"조선시대의 신분구조는 어떠했을까?"라고 질문하면, "양인과 천민으로 구성되었다"고 답하는 사람들도 있고 "양반과 상놈으로 구성되었다"고 답하는 사람들도 있고 "사농공상으로 구성되었다"고 답하는 사람들도 있다. 첫째만 맞고, 나머지는 틀리다. 법적으로 존재한 신분은 양인과 천민(노비)뿐이었다. 양반과 상놈은 각각 특권층과 일반인들을 의미했다. 어디까지가 일반인이고 어디부터가 특권층인지는 오늘날은 물론 조선시대 사람들조차도 헷갈리는 문제였다. 사농공상은 신분의 구별이 아니다. 그것은 어떤 일을 하는가, 즉 직역職域의 구별이었다. 이 글에서 주목할 것은 사농공상이다.

양천 구분과 사농공상 구분은 별개의 문제다. 그렇기 때문에, 양인이 사농공상에 속할 수도 있었고 천민, 즉 노비가 사농공상에 속할 수도 있었다. 앞에서 소개한 《어우야담》의 내용 중에 "국법상으로 노비는 벼슬길에 나갈 수 없다. 할 수 있는 일이라곤 농업·

공업·상업·병사에 지나지 않는다"라는 표현이 있었다. 이에 따르면 노비는 다양한 직역에 속했다. 물론 이 표현은 노비들이 주로 농부·공업기술자·상인 등이 됐다는 뜻이지 노비라고 해서 선비가 될 수 없었다는 뜻은 아니다. 다만 선비가 되는 노비는 소수였기에 '농업·공업·상업·병사'를 열거할 때에 '선비'를 빼놓은 것이다.

'사士'에 속하는 노비들의 사례를 앞에서 이미 검토했다. 16세기 노비 박인수는 학문이 그리 깊지는 않지만 학행이 깊다는 이유로 선비들의 존경을 받았다. 매일 아침 그의 집에 수십 명의 제자들이 찾아와서 절을 올릴 정도였다. 수십 명의 제자가 여기저기 흩어져 있는 것도 아니고, 매일 아침 찾아올 정도였다는 점을 고려하면, 학자로서의 박인수의 영향력이 어땠는지 짐작할 수 있다. 노비가 이처럼 신분을 공개한 상태에서 학문 활동을 했으니, 조선시대 선비들이 노비 출신의 동학同學을 반드시 배척한 것은 아니라는 점을 알 수 있다.

'사'의 모습으로 활약한 노비들은 이 외에도 많다. 백대붕白大鵬(1550?~92)은 16세기 문단文壇에서 명성을 떨친 노비 시인이다. 정조의 총애를 받고 도승지까지 지냈지만 정조 사후에 정순왕후貞純王后 정권에 참여했다가 얼마 안 있어 사사된 윤행임尹行恁(1762~1801)이란 인물이 있다. 그의 시문집인 《석재고碩齋稿》에도 백대붕에 관한 언급이 있다. 이 책의 〈해동외사海東外史〉 편에서는 "백대붕이란 이는 전함사典艦司의 노비였다. 시를 잘하고 음주를 잘했다"고 평했다. 전함사는 선박을 제조·관리하고 물자를 수송하는 부서였다. 《성호사설》 권7에 인용된 백대붕의 시에도 "백발로 풍진을 무릅썼

건만 (나는) 전함사의 노비로다"라는 구절이 있다. 그는 문학 활동을 하는 중에도 전함사에 대한 법적 의무를 이행해야 하는 공노비였던 것이다.

백대붕은 집에서 혼자 시를 끄적대는 사람이 아니었다. 문단을 주도하는 저명인사였다. 1590년에 통신사 허성許筬이 일본을 방문할 때 수행한 적도 있다. 비록 노비였지만 사회적으로 웬만한 관료보다 명망이 더 높았다. 그래서 일본도 다녀올 수 있었던 것이다. 하지만 그의 일본행은 불행의 씨앗이 되었다. 백대붕은 1592년 임진왜란 때 '일본을 잘 아는 인물'이라는 이유로 이일李鎰 장군의 상주 전투에 동원됐다가 전사했다.

백대붕보다 몇 살 위인 유희경劉希慶(1545~1636)도 유명한 천민 시인이었다. 허균이 쓴 일종의 평론서인 《성수시화惺叟詩話》에서는 "유희경이란 이는 본시 천민으로 사람됨이 깨끗하고 신중했으며 주인을 충심으로 섬기고 어버이를 효심으로 섬겼다"고 했다. 여기서 나타나듯이 유희경 역시 '주인을 충심으로 섬기는' 노비였다. 물론 나중에는 사대부가 되어 작위를 받았지만, 그의 애초 신분은 노비였다. 백대붕이나 유희경 외에도 천민 시인들이 많이 활동했다는 점은, 백대붕이 결성한 시인 모임인 풍월향도風月香徒에 천민들이 포함돼 있었다는 사실에서도 확인할 수 있다.

조선시대 선비의 최대 특징은 한문으로 시를 짓는 것이다. 시를 잘 지으면 과거 급제도 할 수 있기에 사회적 존경을 받았다. 또 시를 잘 읊어야 사교계에서도 유명세를 떨칠 수 있었다. 시에 능한 노비들이 많았다는 사실은 선비들의 사회에서 경쟁력을 가진 노비들이 많았음을 의미하는 것이다.

물론 노비가 선비가 된다 해도 사회적 성장에는 한계가 있었다. 면천이 되지 않는 한, 그들은 과거에 응시할 수 없었다. 이들이 할 수 있는 일 중에 가장 쉬운 것은 박인수처럼 제자를 두고 가르치는 일이었다. 노비 신분의 선비가 올라갈 수 있는 지위는 서당 훈장 수준이었다고 봐야 할 것이다.

사농공상의 두 번째는 농農이다. 조선은 농업사회였고 노비가 주된 노동력이었으므로, 조선시대 노비는 주로 농민의 모습을 띨 수밖에 없었다. 사노비 중에서도 외거노비는 특히 그러했다. 물론 솔거노비 중에도 농업에 종사하는 이들이 있었다. 주인집에 농토가 딸린 경우에는 그곳에 기거하는 솔거노비가 농토를 경작할 수밖에 없었다. 공노비 중에서 납공노비도 주로 농업에 종사했다. 선상노비 역시, 관청에 복무하는 때를 제외한 나머지 기간에는 주로 농업에 종사했다.

농업에 종사하는 노비는 외형상 자작농일 수도 있고 소작농일 수도 있었다. 솔거노비 이외의 노비들 중에는 자작농도 많이 있었다. 외거노비는 주인집의 농토를 경작하면서도 자신의 농토를 경작할 수 있었다. 납공노비도 국유지를 경작하면서도 사유지를 경작할 수 있었다. 선상노비도 평상시에는 사유지를 경작할 수 있었다.

사농공상의 세 번째인 공工에도 노비들이 많이 있었다. 19세기 후반 이전까지만 해도 공업은 기본적으로 수공업이었다. 수공업에 종사한 기술자를 공장工匠이라 불렀다. 공장의 대부분이 노비였다는 점은 《세종실록》[38]에서도 나타난다. 이에 따르면, "공장과 각종 기술자는 다들 천민"이라고 했다. 하지만 노비만으로는 기술자의 수요를 다 채울 수 없으므로, 양인 출신의 공장들도 당연히 있었을 것이다. 《세종실록》에서는 공장들이 주로 천민이었다는 이야기를 하고 있을 뿐이다. 이들은 천민 중에서도 주로 공노비였다. 민간 수공업보다는 관영 수공업의 비중이 훨씬 더 컸기 때문이다. 기술을 보유한 공노비들은 일정 기간 관청에서 각종 기물을 제작하는 방법으로 자신의 의무를 이행했다. 수공업에 종사한 노비는 농업에 종사한 노비보다 적었을 것이다. 하지만 공장 중에서 노비의 비율은 농민 중에서 노비의 비율보다 훨씬 컸을 것이다. 공장은 주로 노비인 데 비해, 농민 중에는 양인도 많았기 때문이다.

주의할 것은 수공업에 종사하는 노비라 할지라도 농업을 겸영하는 경우가 많았다는 점이다. 민간 수공업자에게 신분적으로 종속된 노비라면 수공업에만 전적으로 종사했을 것이다. 하지만 관청에 속한 노비라면 사정이 달랐다. 근무시간이 끝나면 자기 일을 해야 했다. 이럴 경우, 가장 쉬운 것은 농사일뿐이었다. 조선시대에는 수공업이 농업으로부터 완전히 분리되지 않았기 때문에, 수공업 노비들이 농업을 겸하는 경우가 많았으리라 보아도 무방하다.

사농공상의 끝자락인 상商에도 노비들이 있었다는 점은 앞의 불정의 사례에서 이미 살펴보았다. 뒤에서 소개할 장흥고長興庫 소속의 노비 역시 상인이었을 가능성이 높다. 당대 최고의 기생을 거금으로 유혹할 정도로 거부를 축적한 것을 보면 그렇다. 장흥고 노비 이야기는 뒤에서 상세히 설명될 것이다.

앞에서 조선의 실무행정 중 상당 부분은 노비 출신 서리들에 의해 이루어졌다고 언급한 바 있다. 이번 글에서 우리는 노비들이 행정 분야뿐 아니라 수공업 분야까지 차지했다는 점을 살펴보았다. 조선인들이 사용하는 각종 기물은 기본적으로 노비들의 손에서 나왔던 것이다. 행정도 상당 부분은 노비들에 의해, 수공업제품의 생산도 노비들에 의해, 거기에다가 농업생산 역시 상당 부분은 노비들에 의해 이루어졌으니, 조선이란 나라는 기본적으로 노비들에 의해 굴러가는 나라였던 셈이다. 노비들이 조선 산업의 전반에 걸쳐 중추의 역할을 했던 것이다. 그들은 조선이란 국가를 이끌고 가는 산업역군이었다.

술주정하다 맞아 죽은 이서구의 노비

노비에 대한 법적 차별

동정 받지 못한 노비의 죽음

조선 후기의 관료 겸 시인 중에 이서구李書九(1754~1825)가 있다. 영조 때 과거에 급제해서 정조 때 한성부판윤·평안도관찰사·형조판서 등을 지내고 순조 때 우의정을 지낸, 총리급의 거물이었다. 그는 과거 급제 당시부터 훌륭한 인재라는 평가를 받았다. 서유영(《금계필담》의 저자)의 아버지는 과거에 갓 급제한 이서구가 영조 임금을 알현하는 장면을 지켜보았다. 당시 서유영의 아버지는 재상이었다. 서유영의 아버지는 "그가 임금께 아뢰고 대답하는 것이 상세했고 행농거지도 신중해서 대단한 그릇"이라고 평가했다. 이서구는 문장가로도 이름을 날렸다. 정조가 왕위에 있을 때는 20대 초반의 나이로 박제가朴齊家·이덕무李德懋·유득공柳得恭과 더불어 사가시인四家詩人, 즉 4대 시인이란 명성을 얻었다. 이서구는 실학자 박지원朴趾源에게서 문장을 배우고 정조 임금의 총애까지 얻었다. 박지원·홍대용洪大容·박제가·이덕무·유득공 같은 실학자들과 인연을 맺은 데에다가 정조의 신임까지 받았으니, 그의 학문적 능력을 어렵지 않

한성부 터 | 서울시 종로구 광화문광장에 이 터가 있다. 이서구는 한때 이곳의 수장이었다. 서울시 종로구 세종로 소재.

게 유추할 수 있다.

《금계필담》에 서유영의 8촌 형이 전하는 이서구의 이야기가 실려 있다. 서유영의 8촌 형은 '풍석楓石'이란 호를 가졌다는 사실과 판서 벼슬을 지냈다는 사실만 알려졌을 뿐 실명은 알려지지 않았다. 이 부분에서 이야기의 전달자는 서유영이 아니라 8촌 형이다.

어느 날 오전, 8촌 형의 아버지인 7촌 숙부(서유영의 입장에서)가 이서구의 집을 찾아가서 담소를 나누었다. 숙부는 재상을 지낸 인물이었다. 잠시 후, 대문 옆에 붙은 행랑채에서 갑작스레 시끄러운 소리가 들려왔다. 누군가 이서구의 이름을 부르며 욕을 하고 있었다. 들어보니 그 집 노비 A의 목소리였다. 이서구는 수노首奴인 B를 불러 "A가 또 술주정을 부리느냐?"며 "벌써 두 번씩이나 용서를 해줬

건만"이라면서 탄식했다. 그러더니 "A를 수구문 밖으로 끌고 가서 때려죽여라"고 명령했다. 일의 추이가 궁금해진 숙부는 그 집에서 점심을 먹고 저녁 무렵까지 이서구와 담소를 나누었다. 이서구와 이야기를 나누고 싶어서가 아니라 A가 어떻게 됐는지 확인하기 위해서였다.

해질 무렵이 되자, B가 돌아와 "때려죽였습니다"라고 보고했다. 그러자 이서구가 "그는 죄를 지었으니 죽어 마땅하지만, 우리 집에서 대대로 내려오는 물건이니 장례 절차는 후히 해줘라"고 말했다. 이서구의 말을 듣고 B는 물러났다.

숙부가 몸을 일으키려는 순간, B가 다시 돌아왔다. 문밖에 형조의 서리가 와 있다는 것이다. 형조판서 채제공蔡濟恭이 보낸 아전이었다. 서리는 "관청에 알리지도 않고 매질해서 죽이는 것은 불법입니다"라고 말했다. 그러나 다음과 같은 이서구의 말을 듣고 형조 서리는 두말도 않고 돌아갔다.

그 자는 우리 집 사노私奴인데, 윤리를 어지럽히는 죄를 지었네. 만약 관청에 신고하게 되면, 입에 남기가 몹시 수치스럽지 않겠나? 그래서 사사로이 죽인 것이네.

민담의 편찬자들은 그 시대의 정의 관념에 따라 세상 이야기들에 평을 달았다. 《금계필담》에도 이 사건에 대한 당시의 정의 관념이 반영되어 있다. 당시 사람들이 이서구의 행동을 어떻게 평가했는지 살펴보면, 이 문제를 둘러싼 그 시절의 정의 관념을 이해할 수 있다. 《금계필담》 이서구 편의 마지막 대목은 다음과 같다.

이런 점을 볼 때, 이서구는 나이 젊은 명사로서 일처리가 엄정하면서도 번거롭게 목소리를 높이지 않았으니, 이 어찌 원대한 그릇이 아니겠는가? 선친(서유영의 7촌 숙부)께서는 손님들을 대할 때마다 이것을 말씀하시곤 했다.

노비를 죽인 뒤에, 번거롭다는 이유로 관아에 신고하지 않은 이서구의 행동은 주변 사람들 사이에서 높은 평가를 받았다. 그에게 높은 평가를 내린 인물이 이 이야기에 다섯 명이나 나타난다. 우선, 이서구의 행동을 직접 목격한 7촌 숙부가 높은 평가를 내렸다. 그는 자기 집에 손님들이 찾아올 때마다 이 일을 이야기를 하곤 했다. 오늘날 우리의 감각으로는 잘 이해되지 않지만, 숙부는 자기가 엄청나게 대단한 일을 목격했다고 생각했다. 잘못을 범한 노비를 죽인 뒤 노비주의 위세를 부리면서 당당하게 관청에 신고할 수 있는데도 그런 번거로움이 싫어서 조용히 일을 처리한 이서구의 행동이 아주 장한 일로 생각됐던 것이다. 게다가 '젊은 친구'가 어쩜 그렇게 훌륭한 판단을 할 수 있었을까 하고 감탄하기까지 했다. 그의 머릿속에서는 '사람'이 죽었다는 사실은 전혀 고려되지 않았다. 그냥 '물건'이 폐기처분됐을 뿐이다. 못 쓰게 된 '물건'을 조용히 잘 처리한 이서구의 행동이 그저 장할 뿐이었다. 7촌 숙부의 이야기를 전달한 8촌 형 역시 자기 아버지의 생각에 공감했다. 그랬으니까, 서유영에게 똑같은 이야기를 전달한 것이다. 서유영 또한 공감했기에

《금계필담》에 이서구의 일화를 소개한 것이다. 이서구의 행동에 공감한 사람이 벌써 세 명이나 된다.

형조판서 채제공도 마찬가지였다. 수구문 밖의 노비 시신 때문에 이서구에게 형조 서리를 파견한 채제공은 서리로부터 이서구의 말을 전해 듣고 수긍했던 것으로 보인다. 아무리 미천한 노비라도 주인이 사사로이 죽였다면 큰 사건이다. 만약 채제공이 이서구의 말을 황당하게 여기고 수사를 지시했다면, 7촌 숙부도 그 소문을 들었을 것이다. 《금계필담》에 소개된 것처럼, 7촌 숙부는 이서구가 그 사건을 어떻게 처리하는지 궁금해서 저녁까지 그 집에 눌러 앉아 있었다. 채제공도 이서구의 말에 공감을 느꼈기에 별 탈 없이 문제가 마무리된 것이다. 또 채제공의 심부름을 한 서리 역시 이서구의 말에 동조했다고 보아야 한다. 그가 이서구에 관해 우호적인 보고를 했기에 채제공이 사건을 그대로 덮은 것이라고 볼 수 있다.

이들 다섯 명 외에도 이서구의 행동에 공감을 표한 사람들은 무수히 많았던 것으로 판단된다. 7촌 숙부는 자기 일이 아닌데도 자기 집 손님들에게 자랑삼아 이야기를 하곤 했다. 그가 계속해서 똑같은 이야기를 늘어놓을 수 있었던 까닭은 방문객들이 이야기에 어느 정도 호응을 했기 때문이라고 생각할 수 있다. 전직 재상을 방문해서 담소를 나눌 정도면 방문객 역시 어느 정도의 사회적 지위를 갖고 있었다고 보아야 한다. 이러한 것들로 유추할 때, 당시 조선 사회를 이끄는 엘리트들 중 상당수가 노비를 죽인 이서구의 행동을 지지했을 것이라고 판단해야 한다.

이서구의 노비는 주인에게 맞아 죽었지만 동정을 받기는커녕 도리어 자신을 죽인 주인의 명성을 한껏 고양시키는 데 일조한 셈이다. 오늘날과는 달리 노비의 죽음은 사람의 죽음으로 간주되지 않았다. 그 노비에게 가족이 있었다면, 그들은 이서구 앞에서 쥐 죽은 듯 살아야 했을 것이다. 그들은 사람들이 이서구의 행동을 높게 평가할 때도 잠자코 고개를 숙여야 했을 것이다. 주인에게 매질을 당하고 칼질을 당해도 제대로 항변조차 할 수 없었던 노비들의 열악한 법적 지위를 느낄 수 있게 해주는 이야기다.

노비와 주인 간의 형사 문제

현행 대한민국 형법 제32장의 제목은 '강간과 추행의 죄'다. 그런데 제32장에는 외형상 강간이나 추행이 아닌 범죄도 있다. 제303조 1항 '업무상 위력 등에 의한 간음죄'가 그러하다. "업무·고용 기타 관계로 인하여 자기의 보호 또는 감독을 받는 부녀에 대하여 위계 또는 위력으로써 간음한 자는 5년 이하의 징역 또는 1,500만 원 이하의 벌금에 처한다." 이 규정은 업무·고용 등으로 인해 우월한 지위에 있는 남성이 위계僞計와 위력威力을 사용해서 여성과 성관계를 맺는 행위를 처벌하고 있다. 여기서 말하는 위력은 상대방의 '의사'를 제압할 수 있을 정도의 힘이다.[39] 상대방의 '신체'를 제압할 수 있을 정도의 힘을 사용한 경우는 강간죄에 해당한다. 위력은 그런 정도까지는 도달하지 않은 경우를 가리킨다. 예컨대, 고용주가 "내 말을 듣지 않으면 해고하겠다!"면서 성관계를 요구하는 행위도 포함된다. 이런 경우 비록 강간은 발생하지 않았어도 고용인의 입장에서는 강제성을 느낄 수 있기 때문에, 강간죄와 같은 범주로 처벌하고 있다.

우월한 지위를 이용한 고용주의 범죄를 막겠다는 의지는 형법 제24장 '살인의 죄'에서도 나타난다. 이에 따르면, 살인자는 사형·무기 또는 5년 이상의 징역에 처해지지만(살인죄), 상대방에게 자살을 지시하거나 상대방의 자살을 돕는 자는 1년 이상 10년 이하의 징역에 처한다(자살교사·방조죄). 생명을 침해했다는 점에서는 살인죄와 자살교사·방조죄는 다를 게 없지만, 후자를 더 가볍게 처벌하는 것은 자살자 본인의 의사에 따라 생명 침해가 발생했기 때문이다.[40] 그런데 업무상 우위에 있는 고용주가 위력을 사용해서 자살을 유도한 경우는 사정이 달라진다. 이때는 자살교사·방조죄가 아니라 일반 살인죄로 취급한다(위계·위력에 의한 살인죄). 우월한 지위에 있는 고용주가 위력을 동원해서 고용인을 자살로 몰아가는 행위는 사실상 살인이나 다름없다는 판단에 기인한 것이다.

이처럼 현대 법률에서는 고용주가 우월한 지위를 악용해 고용인의 정조나 생명을 침해하는 행위를 금하고 있지만, 노비제 사회에서는 정반대였다. 현대 노동자 사회에서는 형식적으로나마 노동자의 권익을 보장하고 있지만, 과거 노비제 사회에서는 그런 '액션'마저 취하지 않았다. 노골적으로 노비주의 입장을 옹호했다. 노비주가 우월한 지위를 이용해서 고용인의 생명·신체를 침해하는 것을 묵인하고 합법화했던 것이다. 이를 증명하는 조선시대 법률규정을 살펴보자.

노비주가 위해를 가한 경우: 《대명률직해》 권20의 제목은 〈투구(鬪毆)〉다. 싸움과 구타에 관한 규정이다. 이에 따르면, 노비주가 노비를 구타한 경우에는 아무런 처벌도 받지 않았다. 구타로 인해 사망의 결과가 발생했을 경우에만 처벌을 가했다. 현행 형법으로 말하면 폭행은 처벌하지 않고 폭행치사만 처벌한 셈이다. 죽지 않을 정도로만 때리면, 원칙상 처벌을 피할 수 있었다.

폭행치사가 발생했다고 해서, 노비주가 무조건 처벌받는 것은 아니었다. 사전에 관청에 신고도 하지 않고 사망에 이를 정도로 폭행을 가한 경우에 처벌을 받았다. 사전에 신고해둔 경우라면 처벌을 면할 수 있었다. "우리 집 노비가 이러이런 죄를 범해서 혼 좀 내주겠다"고 신고하면, 노비가 죽더라도 법적 책임을 지지 않았다. 이런 절차를 지키지 않고 노비를 죽인 노비주는 곤장 100대에 처했다. 하지만 이서구의 사례에서 봤듯이, 노비주가 신고 없이 노비를 죽여도 관청에서 눈감아주는 사례가 많았다. 또한 폭행과 사망 사이에 인과관계가 없다고 인정되면 법적 책임을 면할 수 있었다. 노비가 주인의 폭행이 아니라 다른 원인으로 사망했다고 인정되면 처벌을 피할 수 있었던 것이다. 예컨대 노비를 죽인 뒤에, 그 노비에게 지병이 있었고 그것이 직접적인 사인이라고 주장하면(그래서 타당하다고 인정되면), 주인은 처벌을 면할 수 있었다.

현행 형법 제17조에서도 "어떤 행위라도 죄의 요소가 되는 위험 발생에 연결되지 아니한 때에는 그 결과로 인하여 벌하지 아니한다"고 했다. A라는 행위와 B라는 결과 사이에 인과관계가 존재해야만 A란 행위를 처벌할 수 있다는 것이다. 현행 형법에서는 모든 범죄에 대해 제17조를 규정한 데 비해,《대명률직해》에서는 노비의 범죄에 대해서는 이런 규정을 두지 않고 주인의 범죄에 대해서만 이런 규정을 두었다. 노비주에게만 형사특권을 인정한, 상당히 편파적인 규정이었다.

흥미로운 것은, 이런 특권이 노비주뿐 아니라 노비주의 기복친期服親과 외조부모에게도 인정됐다는 점이다. 기복친이란, 본인이 죽을 경우 1년간 상복을 입어야 할 2촌·3촌의 부모뻘을 의미하는 것으로 조부모·백부모·숙부모 등을 가리킨다. 노비주와 이런 관계에 있는 사람들이 노비를 폭행치사에 이르게 해도 노비주와 똑같은 특권을 향유했다.

그렇기 때문에 노비는 자기 주인은 물론이고 그 집안의 어른들에게도 깍듯이 대해야만 했다. 괜히 기분을 상하게 했다가는 목숨을 잃을 수도 있었다. 이서구의 노비처럼 술에 취한 상태에서 주인이나 주인집 어른들의 이름을 함부로 부르는 행위는 염라대왕을 부르는 행위나 다름없었다. 이렇게 노비주의 우월적 권리가 형법적으로 보장되었기 때문에, 노비는 주인이 아무리 가혹하게 노동을 시키고 아무리 가혹하게 수탈을 한다 해도 그냥 참을 수밖에 없었다. 참을 인忍 자는 이런 경우를 위해 존재하는 글자였다.

선조의 사위 중에 신익성申翊聖이란 이가 있었다.《금계필담》에 따르면, 그의 집에는 사위 홍명하洪命夏가 얹혀살고 있었다. 훗날 현종 때 좌의정이 된 인물로, 서른일곱에 대과 시험에 급제하기 전까지 처가에서 시험공부를 했는데, 그 동안 처가의 눈치를 얼마나 보고 살았을지 짐작할 수 있다. 특히 신익성의 아들인 신면申昪은 홍명하를 무척이나 구박했다. 그러던 어느 날의 식사 시간이었다. 밥상이 차려지고 식구들이 밥상에 둘러앉았다. 홍명하도 앉고 신면도 앉았다. 이때 이 집 노비가 실수로 홍명하의 숟가락과 신면의 숟가락을 바꾸어놓았다. 안 그래도 홍명하를 멸시하는 신면이 얼마나 화를 냈을까. 이 날 그 노비는 숟가락을 바꾸어놓았다는 이유로 신면에게 곤장으로 볼기를 맞았다. 이와 같은 경우에도 노비는 그저 '참아야 한다'며 스스로를 달랠 수밖에 없었다.

형법적으로 열악한 노비들의 처지를 상징적으로 보여줄 만한 또 다른 사례가 있다. 성균관의 꼬마 노비들인 직동(재직)이 겪은 고난을 보여주는 시가 윤기의 반중잡영에 들어 있다.

> 깔깔 웃는 저 아이들 장난치기를 좋아해
> 매를 맞아 피 흘러도 아무렇지 않아 하네
> 손을 처마에 매다는 것은 그래도 괜찮지만
> 머리를 기둥에 치는 것은 견디기 힘들 텐데

위의 시를 쓴 뒤에 윤기는 아래와 같은 해설을 달아놓았다.

재직들은 모두 어린아이다. 더러는 조심성 없이 장난치다가 매질을 당해 피를 흘리기도 한다. 또 그 아이들의 손을 매달고, 심지어는 머리를 기둥에 치기도 한다. 이것은 지금도 여전하다.

꼬마 노비들이 장난을 치다가 잘못을 범하면 피가 날 정도로 매질을 하는 것은 물론이고, 아이를 처마에 매달기도 하고 심지어는 머리를 기둥에 치기까지 했다는 것이다. "이것은 지금도 여전하다"란 표현을 통해 이런 징계가 오래도록 유지되었음을 알 수 있다. 요즘 같으면 아동학대죄에 걸릴 만한 일이다. 하지만 노비에 대한 폭행이 아무렇지도 않게 벌어지던 세상이었기에, 나이 어린 노비들에 대해서까지 이토록 가혹한 폭행이 자행될 수 있었던 것이다.

노비가 위해를 가한 경우: 노비에게 위해를 가한 노비주는 빠져나갈 '구멍'이 많았다. 반면, 노비가 해를 가한 경우는 그렇지 않았다. 《대명률직해》〈투구〉에 따르면, 노비가 주인을 폭행하면 목을 베는 참형에 처했다. 주인을 살해하면 사지를 찢는 능지처참형에 처했다. 고의 없이 과실치사로 주인을 죽이면 교수형에 처했다. 한편 고의로 상해를 가한 경우에는 곤장 100대를 쳐서 유배형에 처했다. 이뿐이 아니었다. 주인의 집안 어른들에게 폭행·상해·살인을 가해도 웬만하면 사형에 처했다. 주인이 동일한 행위를 범할 때에 비해 노비는 엄청난 대가를 치러야 했다.

노비에 대한 법적 차별은 또 있었다. 《대명률직해》 권21에 의하면, 노비가 주인을 꾸짖거나 욕한 경우에는 교수형에 처했다. 이른바 '주인 모독죄'라고 할 만한 규정이다. 유신독재 시절의 국가기관 모독죄를 연상케 하는 규정이다. 국가기관 모독죄는 1975년부터 1988년까지 대한민국 형법에 존재했는데 대통령 같은 국가기관을 모독할 경우 이 죄로 다스렸다. 주로 국가원수 모독죄로 불렸다. 유신독재 시대에나 나올 수 있는 죄목이었다. 그런데 조선시대의 주인 모독죄는 이보다 한술 더 떴다. 대한민국의 국가기관 모독죄는 7년 이하의 징역이나 금고로 다스려진 데 비해, 조선시대의 주인 모독죄는 교수형으로 다스려졌다. 군부독재 시절 대통령의 위신보다 노비제 시절 주인들의 위신이 더 크게 보호를 받은 셈이다. 오늘날에는 노사협상에서 노동조합 대표가 사장에게 삿대질을 하는 경우가 있지만, 조선시대 같았으면 당장에 교수형에 처해질 만한 행위였다.

주인 모독죄의 혜택 역시 노비주만 누릴 수 있는 게 아니었다. 주인의 집안 어른들도 이런 혜택을 향유했다. 다만 이들을 모독할 경우에는 교수형이 아니라 곤장이나 징역형을 가했다. 이서구의 노비는 술 취한 상태에서 '주인어른'의 이름을 불렀다. 교수형에 처해질 만한 범죄를 범한 것이다. 물론 이 경우에 국가가 교수형을 집행했어야 한다. 법적 절차를 거치지 않고 개인적으로 형을 집행한 이서구의 처사는 법에 저촉되는 행위였다. 그런데도 국가는 이서구의 개인적인 처형을 용인해주었다.

노비와 주인 간의 법적 지위를 한층 더 벌려 놓은 것은 노비의 고소권 제약이었다. 《경국대전》〈형전〉에 따르면, 노비가 주인을 고발하면 교수형에 처한다고 했다. 단, 주인이 반역이나 역모를 꾀한 경우만큼은 예외였다. 이런 경우는 신고를 하는 게 이익이었다. 그 외의 경우에는, 노비는 절대로 주인을 고발할 수 없었다. 아무리 부당한 침해를 당했더라도 고소만큼은 할 수 없었다. 노비가 직접 고소할 수 없었다면 가족이 대신 고소할 수는 없었을까? 그것도 안 되었다. 《경국대전》에서는 노비의 배우자가 대신 신고할 경우 곤장

100대와 유배형을 가하겠다고 했다. 곤장 100대를 맞으면 건장한 사내라도 버티기 쉽지 않았다. 노비의 고소권 제한은 설령 주인이 바뀐다 해도 마찬가지였다. 노비가 전 주인을 고소해도 사형이나 곤장형 혹은 유배형에 처해질 수 있었다.

 노비가 주인을 고소하지 못하도록 한 것은, 노비는 주인을 어버이처럼 섬겨야 한다는 관념 때문이다. 이러한 관념은 《논어論語》에 근거한다. 춘추시대 초나라의 섭읍葉邑을 다스리던 침제량沈諸梁이란 인물이 있었다. 흔히 섭공葉公이라 불린다. 그와 공자의 대화가 《논어》〈자로子路〉편에 나온다. 섭공이 공자에게 "우리 쪽에는 올바로 처신하는 사람이 있습니다"라면서 "자기 아버지가 양을 훔치자, 아들로서 이것을 증명한 것입니다"라고 했다. 아버지의 범죄까지 신고할 줄 아는 사람이 있다면서 칭찬한 것이다. 그러자 공자는 "우리 쪽의 정직이란 것은 이와 다릅니다"라며 "어버이는 자식을 위해 숨겨주고 자식은 어버이를 위해 숨겨주니, 정직이란 이런 속에 있는 것입니다"라고 답했다. 주자朱子는 "어버이와 자식이 서로 숨겨주는 것은 천륜과 인정에 부합하는 것"이라고 풀이했다. 천륜과 인정을 따르는 속에서 정직도 있다는 것이 공자의 사상이라는 것이다.

 비슷한 이야기가 《맹자孟子》〈진심盡心〉편에도 나온다. '자기 아버지가 사람을 죽였다면, 순임금은 어떻게 했겠느냐'는 요지의 질문을 받자, 맹자는 '순임금은 천하를 헌신짝처럼 버리고 아버지를 몰래 업고 도망해서 바닷가에 숨어 살았을 것'이라는 내용의 답변을 했다. 차라리 숨어 살지언정 자식이 부모를 고소해서는 안 된다는 것이 이 이야기의 핵심이다.

이런 논리에 따라 《대명률직해》〈소송〉 편에서는 자식이 부모나 조부모를 고소하면 곤장 100대 및 징역 3년에 처한다고 했다. 만약 고소의 내용이 거짓이면 교수형에 처한다고 했다. 다시 말해, 고소의 내용이 사실이라도 무조건 처벌했던 것이다. 다만 모반·대역 같은 범죄를 범한 경우에는 부모나 조부모일지라도 고소할 수 있도록 했다.

이처럼 자식은 어버이를 고소할 수 없다는 논리의 연장선상에서 노비는 주인을 고소할 수 없다는 논리가 나온 것이다. 주인을 어버이처럼 생각하도록 하기 위한 장치였던 것이다. 그런데 자식이 어버이를 고소하면 곤장 100대 및 징역 3년인 데 비해, 노비가 주인을 고소하면 교수형이었다. 어느 모로 보나, 조선의 형법은 노비에 대해서만큼은 온통 차별뿐이었던 것이다.

국가가 노비와 주인을 법적으로 차별한 것은 단순히 신분제 질서를 유지하기 위해서만은 아니었다. 가장 본질적인 목적은 노비를 생산현장에 묶어두기 위한 데에 있었다. 노비와 주인에게 동등한 법적 권리를 부여할 경우 노비주는 노비를 마음대로 착취할 수 없게 된다. 노비주가 노비를 마음대로 착취하지 못하면 산업 생산이 감소하고, 산업 생산이 감소하면 국가의 조세 수입도 감소할 수밖에 없다. 그러니 국가나 노비주의 입장에서는 노비를 순한 양으로 만들 필요가 있었다. 이 점에서, 국가와 노비주의 이해관계는 일치했던 것이다.

대기업 이사급의 노비들
노비의 사회적 지위

낯선 사람을 처음 만났을 때나 이성을 새로 사귀게 되었을 때, 많은 사람들이 확인하고 싶어 하는 정보가 있다. 무슨 일을 하는지, 어느 학교를 졸업했는지, 부모님은 무얼 하시는지, 고향은 어딘지 등이다. 상대를 자세히 알고 싶은 것은 인지상정이지만 자칫하다가는 서로를 확인하는 과정에서 얼굴을 붉힐 수도 있다.

이렇게 직장·학교·가족·가문·고향 등을 확인함으로써 상대방이 어떤 사람들과 엮여 있는지를 파악한다. 나아가 그것들로 그의 사회적 위치도 가늠한다. 그 사람이 속한 집단을 통해 개인을 파악하는 것이다. 그래서 우리는 상대방이 무능한 실업자일지라도 그의 할아버지가 장관이거나 재벌 총수인 경우에는 함부로 대하지 않는다. 또 아무리 실업자일지라도 명문 대학을 나온 사람이라면 우리의 태도는 어딘가 달라진다. 집단의 위세를 통해 개인의 위세를 파악하는 유풍이 아직도 우리의 의식 속에 남아 있는 것이다.

역사적 인물을 파악할 때도 마찬가지다. 그 인물이 속한 집단은 그를 파악하는 최소한의 단서를 제공한다. 그런데 우리는 노비에 대해서만큼은 이런 식으로 판단하려 하지 않는다. 노비는 노비 그 자체로 평가하려는 경향이 있다. 달리 말해 노비를 둘러싼 인적 네트워크를 도외시하는 경향이 있다. 하지만 조선의 전체 인구에서 노비의 비중이 최소 30퍼센트 이상이었다는 점을 간과해서는 안 된다. 조선 사회의 인적 네트워크에서 노비는 절대적인 존재였다. 그렇기 때문에 노비의 사회적 지위를 파악할 때도 이런 네트워크를 간과해서는 안 된다. 오늘날 우리가 다른 사람들의 직장·학교·가족·가문·고향 등을 확인하듯이 말이다.

1,000명의 부하를 거느린 노비

모든 사극은 역사적 사실을 실제 이상으로 부풀린다. 사극은 그래서 '확대 지향적'이다. 그런데 사극이 '축소 지향적' 양상을 보이는 분야가 있다. 바로 노비들의 숫자다. 권세가의 노비 숫자가 사극 화면상으로는 실제보다 적게 나타나는 경우가 많다. 사료를 보면 수십 명이 아니라 수백 명, 수천 명의 노비를 둔 집안이 많았다는 정황을 쉽게 발견할 수 있다. 조선 건국 직후 사헌부에서 태조 이성계에게 제출한 상소에 다음과 같은 문장이 나온다.

> 왕씨 500년 동안 종친과 거족巨族(원문 표현은 '거실巨室')들이 노비들을 많이 끌어들여, 천여 구口에 이르는 경우도 있었습니다[王氏五百年間宗親巨室, 多聚奴婢, 或有至千餘口].

종친이나 귀족 가문에 노비가 1,000명이나 되는 경우가 많았다는 보고다. 하지만 주의할 것이 있다. 국사편찬위원회에서 운영하는 조선왕조실록 사이트(http://sillok.history.go.kr)의 번역문에는 "왕씨는 500년 동안에 종친과 거실巨室이 노비를 많이 모아서, 혹은 천여 명까지에 이르렀습니다"라고 되어 있다. 이 번역에서는, 왕씨 성을 가진 종친이나 귀족만 노비를 많이 거느렸던 것 같은 느낌을 주고 있다. 그래서 이 사이트의 번역문을 본 독자들은 "왕씨 500년 동안"이라는 필자의 번역이 잘못된 것이라 생각할 수도 있다. 하지만 국사편찬위원회의 번역은 띄어 읽기를 잘못한 데서 생긴 오역이다. 원문에서 "王氏五百年間"이란 표현은 '왕씨는 500년 동안에'라는 뜻이 아니라 '왕씨 500년 동안에'라는 의미다. 조선왕조 500년을 가리켜 '이씨 500년간'이라고 하듯이 말이다. 그러므로 위 문장은 고려왕조 500년 동안에 왕씨 성을 가진 종친과 왕씨 성을 갖지 않은 귀족들 중에 노비를 1,000여 명 가까이 보유한 예가 많았다는 의미다. 사헌부의 보고서를 보면, 노비를 1,000명 가까이 보유하는 것이 보기 드문 광경이 아니었음을 알 수 있다.

고려시대와 조선시대의 사회경제적 조건은 별반 다를 것이 없다. 지주가 노비를 사용해서 수익을 올리는 경제구도는 본질적으로 바뀌지 않았다. 또 조선시대의 특권층 역시 고려시대의 '선배들' 못지않게 사회의 부를 독점하다시피 했다. 그러므로 특권층 가문이 대규모 노비를 거느리는 것은 고려시대만의 현상이라고 볼 수 없다. 조선시대도 마찬가지였다.

조선시대에 의정부에서 선정한 217명의 청백리淸白吏 중 이맹현

李孟賢(1436~87)이란 인물이 있다. 오늘날의 차관보급인 홍문관의 부제학(정3품)을 지냈고 신라부터 고려까지의 역사서인《동국통감東國通鑑》의 편찬에도 참여했다. 그런데 청백리란 찬사에 조금은 걸맞지 않게 그는 수많은 노비들을 거느렸다. 물론 청백리라고 해서 노비가 적어야 한다는 법은 없다. 하지만 청백리가 수많은 노비들을 보유했다는 것은 어딘가 자연스럽지 않다. 노비를 많이 보유했다는 것은 그만큼 재산도 많았다는 뜻이기 때문이다. 1494년에 작성된 분재기分財記(상속집행문서)에서 그의 노비 보유 실태를 볼 수 있다. 이에 따르면, 사망 당시 그에게는 전국 70개 군현에 752명의 노비가 있었다.[41] 2009년 현재의 중소기업기본법 시행령에 따르면, 300명 미만의 상시 근로자를 준 제조업체는 중소기업의 범주에 들어간다. 그렇다면 300명 이상을 둔 제조업체는 대기업의 범주에 들어간다는 말이 된다. 노비 숫자로만 본다면, 이맹현 집안은 대기업이었던 셈이다.

16세기에 권벌權橃(1478~1548)이라는 유명한 관료가 있었다. 중종 때 도승지를 지냈고, 조광조를 실각시킨 사건인 기묘사화己卯士禍(1519)에도 연루된 인물이다. 그로 인해 파직된 후 복직되어 경상도관찰사와 한성부판윤 등을 역임했다. 경상북도 봉화군 삼계서원三溪書院에 위패가 모셔져 있다. 권벌 역시 많은 수의 노비를 데리고 있었다. 분재기에 따르면, 사망 당시 그의 노비는 317명이었다. 이맹현의 노비들은 전국 각지에 산재한 데 비해, 권벌의 노비들은 안동과 그 인근에 주로 거주했다는 점이 특징적이다.[42] 안동 권씨인 권벌은 안동 지역에서 상당한 세를 갖고 있었던 것이다.

노비 1,000명을 거느린 사례는 《어수신화》에서도 발견된다. 18세기에 한성에서 생존한 것으로 보이는 홍씨 과부의 집에는 거의 1,000명이나 되는 노비가 있었다. 이 집안의 노비는 경기도 안성·이천과 경상도 예천 등지에 분포해 있었다. 홍씨의 남편이 살아 있을 때만 해도 각지의 노비들은 공물을 꼬박꼬박 잘 바쳤다. 하지만 남편이 죽고 관리 체계가 약화되자 노비들이 주인에게 등을 돌리는 사태가 발생했다. 공물이 제대로 걷히지 않았던 것이다. 이로 인해 발생한 에피소드가 뒷부분에서 소개될 것이다.

한 집안이 많은 수의 노비를 거느린 모습이 이방인들의 눈에도 신기하게 보였던 모양이다. 네덜란드 동인도연합회사 직원으로 스페르베르 호를 타고 일본 나가사키로 가던 중 서른다섯 명의 동료와 함께 제주도에 표류한 젊은 선원이 있었다. 《하멜 표류기》로 유명한 헨드릭 하멜이 그 주인공이다. 제주도는 물론 한양과 전라도에서 13년간 생활한 그는 조선을 탈출해서 본국으로 돌아간 뒤, 조선에서의 경험을 토대로 《하멜 일지》와 《조선국에 관한 기술》을 남겼다. 그는 《조선국에 관한 기술》에서 "양반의 수입은 소유시의 재산과 노비로부터 생긴다"라고 한 다음에, "어떤 양반은 2,000~3,000명에 달하는 노비를 소유하고 있다"라고 기술했다. 한 집안에 이렇게 많은 노비가 살았을 리는 없기 때문에, 하멜이 본 것은 같은 집안의 외거노비가 한 마을이나 여러 마을에 나누어 살고 있는 모습이었을 것이다. 그가 이런 광경을 목격한 곳은 농토와 농민이 많은 전라도였을 가능성이 높다. 하멜이 조선의 언어와 문화에 어느 정도 익숙해진 것은 전라도로 옮긴 뒤였기 때문에, 그곳에 살 때에 조선의 노비제도에 대한 인식을 심화시켰을 가능성이 높다.

대규모 노비를 거느리는 가문은 사료뿐 아니라 문학 작품에도 나타난다. 유명한 《장화홍련전》에서도 그 같은 분위기를 찾을 수 있다. 세종 시절 평안도 철산군에서 지역 유지인 배무룡의 딸로 태어난 장화와 홍련은 어려서 엄마를 잃고 계모 밑에서 성장하다가 둘 다 불행한 죽음을 맞이했다. 언니인 장화는 계모의 계략으로 호수에 뛰어들어 자살했고, 동생인 홍련은 이를 비관하다가 역시 자살로 생을 마쳤다. 억울한 죽음에 한이 맺힌 홍련은 철산부사가 새로 부임할 때마다 자신의 사연을 호소했으나, 귀신의 출현에 놀란 신임 부사들은 하나같이 기절하여 죽어 나갔다. 나중에는 다들 철산부사 자리를 기피할 정도였다. 이때 구원투수처럼 등장한 인물이 정동우란 관료였다. 철산부사 직을 자임한 그는 부임 첫날밤 홍련과 당당히 대면했다. 홍련은 귀신을 전혀 두려워하지 않는 부사 앞에서 자신을 소개한 뒤, 계모가 자기를 죽인 이유를 다음과 같이 설명했다.

아비는 혹해서 계모의 참소를 듣고 소녀 자매를 심하게 박대했지만, 소녀 자매는 그래도 어미라 계모 섬기기를 극진히 하였사옵니다. 계모의 박대와 시기는 날로 심해졌사옵니다. 이는 다름 아니라 본디 소녀의 어머니가 재물이 많아 노비가 수천 구요, 전답이 천여 석이었나이다. 그러니 보화는 거재두량車載斗量(수레로 담고 말로 헤아릴 정도)이라, 소녀 자매가 출가하면 재물을 다 가질까 보아 시기심을 품고 소녀 자

조선시대 상류층 주택 | 조선시대에는 한 집안이 수백 혹은 수천 명의 노비를 거느리는 경우가 많았다. 사진은 남산골한옥마을에 복원된 상류층 주택이다. 서울시 중구 필동 소재

매를 죽여 재물을 빼앗아 제 자식을 주고자 하여 주야로 모해할 뜻을 두었나이다.

자신이 재산 문제로 죽음에 이르게 되었다고 설명하는 홍련은 친엄마의 노비가 "수천 구"라고 했다. 지나친 과장이 아닌가 하고 생각할 수도 있지만 전혀 그렇지 않다. 조선시대 사람들이 말하는 '수천'이란 것은 2,000~3,000을 의미한다. 물론 과장스러운 표현이기는 하다. 하지만 당시 1,000명 정도의 노비를 보유한 가문들이 많았기에 문학작품에서도 이런 이야기가 나올 수 있었던 것이다.

사료나 문학작품에서 알 수 있듯이, 고려시대뿐 아니라 조선시대에도 한 집안이 수백 혹은 수천 명의 노비를 거느리는 경우가 많

았다. '한 집안'이 아니라 '한 기업'이라고 해야 정확할 것이다. 조선시대에는 가문을 중심으로 경제 활동과 정치 활동이 이루어졌으니, 당시의 가문은 오늘날의 기업이나 정치조직 같은 것이었다고 이해해야 한다.

한 집안에 수백 혹은 수천의 노비들이 있는 경우, 이들 사이에서는 자연스레 위계질서가 생길 수밖에 없다. 같은 공간에 거주하는 솔거노비들 간의 위계질서는 한층 더 촘촘할 수밖에 없었을 것이다. 노비들 사이의 계층질서에서 최상위에 있는 사람을 흔히 수노首奴라 불렀다. 이런 수노는 오늘날로 치면 사실상 최고경영자나 다름없는 사람이었다. 집안일은 물론 농업경영이 그의 손에서 이루어졌기 때문이다. 수노 주변에 있는 상층부 노비들 역시 대기업 이사 정도에 해당하는 사람들이었다. 왕의 남자 노비인 내시들이 상당한 영향력을 발휘했듯이 주인의 최측근인 이들 역시 막강한 영향력을 행사했다고 보아야 한다. 양인 신분을 가진 일반 농민이나 하급 관직을 가진 선비들이 과연 이들 앞에서 허세를 부릴 수 있었을까?

앞에서 도망노비 김의동의 사례를 검토했다. 고관이 된 김의동과 마주친 것은 업산이란 노비였는데 그는 일반 노비가 아니었다. 외거노비들에게 세공을 징수하는 일종의 관리직 노비였다. 김의동은 업산에게 공손히 읍을 올렸다. 물론 업산의 입을 막기 위해 그렇게 한 측면도 있지만, 업산 역시 무시할 수 없는 위치에 있었기 때문에 그렇게 했을 것이라는 점도 고려해야 한다.

한 집안에서 외거노비뿐 아니라 양인 신분의 소작인을 거느리는 경우도 있었다. 이런 때는 수노가 외거노비뿐 아니라 양인 소작인까지 함께 관리할 수밖에 없었다. 이런 경우, 양인 소작인은 신분의 고하에 관계없이 수노의 감독을 받지 않으면 안 되었다. 대기업에 '얽매인' 이사와 아무것에도 얽매이지 않는 자영업자의 관계를 생각하면 될 것이다. 길에서 장사하는 자영업자가 대기업 '노비'인 이사에게 함부로 대할 수 있는가? 이런 이치를 생각하면, 관리직 노비와 일반 양인의 역학관계를 이해할 수 있을 것이다. 그러므로 노비라고 해서 무조건 최하층의 지위에 처했을 것이라고 생각해서는 안 된다. 수많은 노비들로 이루어진 조직에 속한 경우에는 그 속에서의 서열을 바탕으로 높은 사회적 지위를 누리는 경우도 있었던 것이다. 물론 대부분의 노비는 신분뿐 아니라 사회적 지위 측면에서도 열등한 입장에 놓여 있었지만, 일부 노비들은 그런 가운데서도 높은 지위를 향유할 수 있었다.

물론 그럴지라도 노비는 법률상으로 불리했기 때문에 항상 조심하지 않으면 안 되었다. 노비 신분이지만 사회적 영향력이 강해진 자신의 모습에 흐뭇해하는 순간, 주인이 형법상의 특권을 행사할 수도 있었기 때문이다.

남편을 과거에 합격시킨 여종

일본에서는 오늘날처럼 고대에도 까마귀가 길조였다. 《고사기古事記》에는 초대 천황인 진무천황神武天皇이 까마귀의 인도를 받는 장면이 나온다. 한국에서도 까마귀를 길조로 인식했다는 내용을 담고

조선시대 관료 모습 | 여종의 남편이 과거에 합격했다고 유몽인은 《어우야담》에 기록했다. 하지만 관료를 배출했다고 하여 여종이나 여종 집안의 형편이 비약적으로 좋아졌을 가능성은 별로 없다. 사진은 운현궁에 전시된 모형이다. 서울시 종로구 운니동 소재.

있는 문헌들이 적지 않다. 예컨대 병자호란丙子胡亂 당시 남한산성에서 벌어진 일을 담고 있는 《산성일기山城日記》에는 "(임금께서) 산성에 들어오신 후 성 안에 까마귀와 까치가 없었는데, 이날은 많이 들어오니 사람들이 길조라 했다"는 문장이 있다. 이처럼 과거 한국에서는 까마귀와 까치가 모두 길조로 통했지만, 언제부터인가 까마귀는 흉조의 대명사로 변하고 까치만 길조의 대명사로 남았다. 이번 이야기는 까치에 관한 에피소드로부터 시작한다.

'까치가 남쪽 가지에 둥지를 틀면 영화榮華를 본다'는 속설이 있었다. 적어도 16세기 이전부터 존재한 속설이다. 유몽인은 《어우야담》에서 자기는 원래 이런 속설을 비웃었다고 했다. 그가 지금의 서울시 용산구에 있는 청파靑坡에 살았을 때의 일이다. 지붕 남쪽 나무에 까치가 둥지를 틀자, 사람들은 유몽인이 과거에 급제할 징조라고 말했다. 그러나 그해에 과거에 급제한 사람은 유몽인이 아닌 처형의 사위였다. 그 뒤 까치가 똑같은 나무에 둥지를 틀었다. 그해에는 유몽인이 진사시험에 합격했다. 이때가 1582년으로 임진왜란이 일어나기 꼭 10년 전이었다. 이로부터 7년 뒤, 똑같은 나무에 까치집이 다시 생겼다. 이번에는 유몽인이 대과에서 장원급제했다. 임진왜란 3년 전인 1589년의 일이었다. 이런 일은 그 후에도 계속됐다. 유몽인에게 좋은 일이 생기기 전에는 꼭 까치집이 등장하곤 했다. 임진왜란 때 선조를 호위한 공로로 종전 후인 1604년에 호성공신扈聖功臣에 뽑혔을 때도 유몽인의 집에는 까치가 둥지를 틀었다. 이쯤 되면, 까치 속설을 비웃던 유몽인의 태도도 달라질 수밖에 없었을 것이다.

그러던 어느 해였다. 지금의 서울 명동인 명례방明禮坊에 살 때의 일이다. 이때도 집의 남쪽 버드나무에 까치가 둥지를 틀었다. 당연히 그는 뭔가 좋은 일이 생기겠구나 하고 기대했다. 그런데 같은 유씨 성을 가진 지인이 무과에 급제했다. 그해에 유몽인의 관식은 낮아지고 집에는 우환이 생겼다. 다음 해에도 까치가 둥지를 틀었다. 이번에는 유몽인의 여종에게 좋은 일이 생겼다. 포수인 그의 남편이 무과에 급제한 것이다. 이번에도 유몽인과 그의 집에는 나쁜 일이 생겼다. 까치가 오면 복이 온다느니, 올빼미가 오면 화가 온다느니 하는 속설들이 언제나 적중하는 것은 아니라는 게 유몽인의 결론이다. 유몽인은 이런 경험으로부터 새옹지마의 교훈을 얻었던 것이다.

　명례방에 살 때 출현한 까치는 유몽인에게는 좋지 않은 의미를 주었지만, 그 집 여종에게는 그렇지 않았다. 여종에게는 좋은 전조前兆가 되었다. 여종의 남편이 과거시험에 합격했기 때문이다. 노비의 남편이 과거에 합격하다니, 언뜻 믿기지 않을 수도 있다. 적어도 우리의 상식으로는 그러하다.

　하지만 유몽인은 이 사실을 아무렇지도 않은 양 기록했다. 가까운 지인이 무과에 합격한 것과 여종의 남편이 무과에 합격한 것을 똑같은 어조로 기록했다. 아주 당연한 일인 것처럼 기록한 것이다. 이 여종은 외거노비였던 듯하다. 솔거노비였다면 남편이 유몽인의 집에서 편히 공부할 수 없었을 것이기 때문이다. 여종이 유몽인의 땅에서 농사를 짓고 남편은 가끔씩 거들면서 과거를 준비했던 듯하다. 아내는 노비, 남편은 양인이었던 것이다.

　이 경우, 남편이 급제한다고 해서 부인이 자동으로 면천되는 것은 아니었다. 특별한 변동사항이 없는 한, 이 여종은 평생 노비의 신분을 벗어날 수 없었다. 남편이 돈을 많이 벌어 유몽인에게 보상금을 준다면 모를까. 남의 집 농토를 경작하면서 공부를 했으니 가문이 좋았을 가능성은 별로 없다. 든든한 배경이 없었을 것이기 때문에, 관료가 된 후에도 별다른 변수가 없는 한 출셋길이 신통치도 않았을 것이다. 그렇기 때문에 관료를 배출했다고 해서 이 집안의 형편이 아주 비약적으로 좋아졌을 가능성은 별로 없다. 이런 점을 고려한다면 이 여종은 평생토록 유몽인의 집에 얽매여 살았을 가능성이 높다.

하지만 지역 사회에서 어느 누구도 이 여종을 쉽게 대하지는 못했을 것이다. 무과 합격자를 남편으로 둔 여인을 함부로 대할 수 있는 사람이 많았다고는 생각하기 어렵다. 유몽인은 물론 유몽인의 집안사람들도 마찬가지였을 것이다. 지역 사회에서 그는 남편을 과거에 합격시킨 '장한 아내'로 통했을지도 모른다. 이 사례는, 노비라고 해서 무조건 천대를 받은 게 아니었음을 보여준다. 비록 노비일지라도 가족이 어떤 위치에 있느냐에 따라 사회적 지위가 달라질 수 있었던 것이다.

유사한 사례는 《금계필담》에서도 찾을 수 있다. 영조 때 좌의정까지 지낸 조문명趙文命(1680~1732)의 이야기다. 조문명은 연잉군延礽君(훗날의 영조)을 보호하고 왕으로 만드는 데 기여한 인물이다. 그가 1725년에 사신이 되어 청나라로 떠날 때의 일이었다. 압록강을 넘기 전에 조문명은 평안도 안주진安州鎭에서 머물렀다. '진'은 군사적으로 중요한 지역에 설치한 행정구역으로 군이나 현에 상응하는 지역이다.

앞에서 살폈듯이, 이런 경우에 지방 관청에서는 관기들을 불러 사신을 접대했다. 조문명도 그런 대우를 받았다. 당시 그의 나이가 마흔다섯 살이고 관계官界에 입문한 지 12년 뒤였으니, 이런 대우에 매우 익숙했을 것이다. 이때 연회장에서 열두 살짜리 관기가 그를 매혹했다. 그는 소녀를 따로 불렀고 그 뒤 부채를 정표로 주었다. 물론 안주를 떠난 조문명이 그 관기를 언제까지 마음에 담았는지는 모를 일이다.

훗날 조문명이 안주를 다시 방문했다. 그때 밤늦은 시각에 아전

한 명이 조문명을 찾아와 부채 하나를 바쳤다. 부채에는 옛날 그 관기의 글이 적혀 있었다. 아직도 당신을 잊지 않고 있다는 내용이었다. 실제로 그 관기는 조문명을 만난 이후로는 어느 누구의 수청도 들지 않고, 오로지 시 짓고 책 읽으며 시간을 보냈는데 수청을 거부해 고초도 많이 겪었다고 한다. 아전을 시켜 관기를 불러보니, 머리는 지저분하고 얼굴은 더럽고 옷차림은 남루했다. 자신을 기다리다 이렇게 됐다는 것을 알게 된 조문명은 그 길로 관기를 데리고 한성으로 돌아왔다.

조문명에게 관기의 존재를 환기시킨 아전은 관기의 오빠였다. 정확한 직책은 확인할 수 없지만, 그는 오늘날로 치면 시청·군청·구청의 공무원이었다. 사극에서는 사또에게 아부나 하고 목소리도 약간 여성스럽게 나오지만, 이방 같은 아전들은 조금 과장하면 지금의 시·군·구 국장급에 해당했다. 일반 서민들은 감히 접근조차 하기 힘든 사람들이었다. 관기의 오빠가 국장급이었는지 아니면 그보다 아래였는지는 파악할 수 없지만, 영조의 최측근에게 접근해서 대화를 나눌 수 있는 정도라면 안주진 내에서 상당한 위상을 점한 인물이었다고 보아야 한다.

그 관기가 수청을 거부하느라 고생을 하기는 했지만 시를 짓고 공부하며 조문명을 기다릴 수 있었던 것은 무엇보다도 오빠 덕분이었다고 할 수 있다. 만약 그런 배경이 없었다면 성춘향처럼 사또의 미움을 사서 감옥에 갇히고 말았을 것이다. 이 관기는 지역 사회에서 무시할 수 없는 영향력을 갖고 있었던 것이다.

이 사례에서도 알 수 있듯이, 특정 노비를 둘러싼 인간관계를 종합적으로 고찰해야만 그의 사회적 지위를 정확하게 도출할 수 있다. 노비라고 해서 무조건 최하층에 있었던 것은 아닌 것이다. 이런 사례들은 노비 중에는 양인에 못지않은 혹은 양인보다 훨씬 나은 지위를 가진 이들이 존재했음을 보여준다. 신분과 지위의 괴리인 셈이다. 일부 노비에 국한된 사례이기는 하지만 사회적 영향력을 가진 노비들이 적지 않았다는 점을 염두에 둘 필요가 있다.

노비와 양인의 역학관계

이번 장에서 우리는 비교적 힘 있는 노비들의 사례를 살펴보았다. 그들은 자신이 갖고 있는 인적 네트워크를 통해, 웬만한 양반보다도 더한 '파워'를 과시했다. 오늘날 소위 '귀족 노동자'란 게 있듯이, 조선시대에도 '귀족 노비'란 게 있었던 것이다. 하지만 일반 노비들의 상당수는 양인들보다 열악한 처지일 수밖에 없었다. 주인과 노비의 관계뿐 아니라 양인과 노비 사이에도 신분상의 수직관계가 존재했다. 이 점은 양인과 노비가 싸우다가 관아에 끌려갔을 때 가장 상징적으로 드러났다.

10대 청소년 두 명이 싸우다가 치안센터(파출소)에 끌려갔다고 가정해보자. 둘 중 한 명은 학생이고 다른 한 명은 그렇지 않다면, 경찰관들은 아무래도 학생에게 유리한 처분을 내리기 쉽다. 사실관계가 명확히 입증되지 않는 한, 경찰관들이 학생을 피해자로 간주할 확률이 높다. 요즘은 덜하겠지만, 예전에는 대학교 학생증이 파출소에서 면죄부처럼 작용하던 때도 있었다. 형법에서는 학생이든 아니든 차별을 두지 않지만, 법률 실무에서는 이처럼 차별이 공공연히 일어난다.

조선시대에는 노비와 양인 사이에 그런 차별이 존재했다. 법률에서도 그런 차별을 아예 명문화했다. 《대명률직해》 권20에 양천상구 良賤相毆라는 항목이 있다. 양인과 천민 사이에 구타가 발생했을 경우에 관한 규정이다. 양천상구 네 글자 중에서 '서로 상相' 자를 보고 이 항목이 쌍방 폭행에 관한 것이 아닌가 하고 생각할 수도 있지만, 그렇지는 않다. 한문이나 중국어 문장에서 '상'은 서로의 행위를 가리킬 때도 많지만 일방 행위를 가리킬 때도 많다. 이 경우는 후자다. 양천상구 항목은 두 사람 사이에 주인-노비 관계가 없을 때 적용되었다.

이에 따르면, 노비가 양인 즉 일반인을 구타한 경우에는 일반인이 일반인을 폭행한 경우보다 처벌의 등급을 하나 더 올려서 가중처벌했다. 만약 폭행당한 양인이 불구가 되거나 치료 불가능이 되면, 가해자인 노비를 교수형에 처했다. 양인이 죽은 경우에는 참수형에 처했다. 그러나 양인이 노비를 구타한 경우에는 반대였다. 일반인이 일반인을 구타한 경우보다 한 등급 경감해서 처벌했다. 상해나 살인의 결과가 발생했을 때도 마찬가지였다. 재미있는 것은, 폭행을 가한 양인이 노비주와 소공친小功親[43] 등의 관계가 있는 경우에는 "뼈가 부러지는 정도의 부상이 아니면 처벌하지 않는다"고 한 것이다. 가까운 친척이 거느린 노비를 뼈가 부러지지 않을 정도로만 패주는 것은 법적으로 아무런 문제가 되지 않았던 것이다.

이랬으니, 노비는 자기 주인뿐 아니라 일반 양인도 함부로 건드려서는 안 되었다. 설령 양인 쪽에서 원인을 제공했더라도, 일단 관아에 끌려가면 불리한 건 노비였다. 노비가 양인을 '건드렸다'는 이유로 사형까지 당할 수 있었기 때문이다. 설사 형사 처분을 면한다 해도, 손해배상을 하느라 막대한 재산상 손실을 감내해야 했을 것이다.

그러므로 자기의 운명을 걸 만한 일이 아니라면, 노비는 양인과 싸워서는 안 되었다. '가급적' 싸우지 말아야 한다는 정도가 아니라, '무조건' 싸우지 말아야 했던 것이다. 노비와 양인 간의 법적 우열은, 빙판이 된 강을 건너는 수레꾼과 봇짐장수의 차이를 생각하면 된다. 두 사람 중 물에 빠질 확률이 높은 쪽은 무거운 수레를 끄는 수레꾼이다. 그러므로 수레꾼은 살얼음을 디디는 심정으로 강을 건너야 한다. 노비의 법률생활도 그러했다.

노비와 양인 간의 법적 우열은 이들의 경제적 우열에도 영향을 미쳤을 것이다. 사람이 살다 보면 남과의 분쟁을 피할 수 없는 경우가 생기기 마련이다. 노비도 살다 보면, 자기 주인은 물론 주변 양인들에게 한번쯤은 언성을 높일 수 있다. 그런데 그런 경우에 노비는 잘못하면 전 재산을 순식간에 날릴 수도 있었다. 이런 법적 열세는 노비의 재산축적을 방해하는 요인으로 작용할 수밖에 없었다.

국가가 노비와 양인 간의 법적 우열을 정한 목적은 양인들이 예뻐서가 아니었다. 그저 양인을 보호하기 위한 것만도 아니었다. 이것은 노비주와 국가의 이익을 보호하기 위한 것이었다. 노비를 법적 열세에 두어야만 이들을 한층 더 쉽게 부릴 수 있었다. 또한 노비를 일반 양인보다 불리하게 만들어야만 그들이 스스로를 지키기 위해서라도 주인에게 한층 더 의존할 수밖에 없었다.

한성 최고 기생을
차지한 공노비

노비의 재산

한성 최고 기생, 성산월

16세기에 성산월星山月이란 유명한 기생이 있었다. 본래 경상도 상주 기생이었다. 관청의 기생이었는지 일반 유흥업소의 기생이었는지는 확실하지 않다. 《어우야담》에 따르면, 그는 "날씬하고 뽀얗고 수려"해서 당시 최고의 기생이었다고 한다. 전국적으로 알려진 덕분에, 나중에는 한성에서 자리를 잡을 수 있게 되었다. 한성으로 옮긴 그는 고급 귀족들의 사랑을 독차지했다. 웬만한 남자는 얼씬도 할 수 없는 존재가 된 것이다.

성산월이 어느 정도나 예뻤는지를 보여주는 일화가 있다. 하루는 성산월이 한강에서 고위 인사들과 뱃놀이를 했다. 놀이가 끝난 뒤 술판이 벌어졌는데 그 자리가 지겨워서였는지 아니면 시간이 늦어서였는지, 성산월은 남자들이 술에 취한 틈을 타서 그 자리를 몰래 빠져나갔다. 갑자기 쏟아지는 비 때문에 소매가 반쯤 젖은 상태에서 숭례문에 당도했지만, 문은 이미 잠겨 있었다. 성문은 새벽 4시 무렵에 열고 밤 10시 무렵에 닫았다. 성산월은 밤 10시 이후에 숭

례문 앞에 도착한 것이다. 성문은 닫히고 비는 쏟아지니, 이래저래 마음이 급했던 그는 어느 집 처마 밑에 있는 불 켜진 창문에 접근했다. 창 안쪽에서는 글 읽는 소리가 들렸다. 손가락에 침을 발라 구멍을 내보니, 글을 읽는 젊은 선비가 보였다. 성산월은 작게 헛기침하며 가볍게 문을 두드렸다.

《어우야담》에 따르면, 이 선비는 김예종金禮宗이란 청년이었다. 소과 합격자 명부인 《사마방목司馬榜目》을 보면, 김예종은 1552년 진사시험과 1564년 대과에 합격했다. 또 선조 21년 7월 12일자 (1588. 9. 2.) 《선조실록》에는 사간원이 "충주목사 김예종은 그릇이 적합하지 않으니 해임하십시오"라고 건의하는 장면이 나온다. 100퍼센트 확실한 것은 아니지만, 성산월의 방문을 받은 선비는 바로 그가 아닌가 생각한다.

빗소리와 함께 들리는 인기척에 의아함을 느낀 김예종은 창문을 열었다. 순간 그는 깜짝 놀랄 수밖에 없었다. 너무 예쁜 여자가 비를 맞고 서 있었기 때문이다. 더군다나 그 여자가 자신의 상황을 설명하며 '하룻밤 자고 갈 수 있겠냐'고 부탁하는 게 아닌가. 김예종은 눈앞에 닥친 상황을 실감할 수 없었다. 그가 상상조차 할 수 없었던 상황이었다. 나한테 어떻게 이런 일이 생길 수 있느냐고 생각한 그는 '이는 필시 여인이 아니라 도깨비일 것'이라고 짐작했다. 그렇게 짐작한 그는 "어떤 괴물 도깨비가 감히 와서 사람을 현혹하느냐?"며 호통을 쳤다. 성산월은 자존심을 무릅쓰고 '내가 그 유명한 성산월'이라고 자신을 밝혔다. "아직 나이가 어려서 모르나 본데 내가 바로 그 성산월이니 제발 하룻밤만 재워달라"며 부탁했다.

그러나 김예종은 성산월의 부탁을 거부한 채 밤새도록 벌벌 떨며 귀신을 쫓는 주문을 외웠다. 성산월은 비가 쏟아지니 어디 가지도 못하고 성문이 열릴 때까지 그 집 처마 밑에 서 있었다. 날이 밝자 성산월은 창문을 밀치고 몇 마디 쏘아붙인 뒤 그 집을 떠났다. '너 같이 한미한 서생이 어찌 나를 알겠느냐? 너는 정말 복도 없는 남자다! 잘 보아라! 어딜 봐서 내가 귀신이냐?'라며 쏘아붙인 것이다. "김예종은 그릇이 적합하지 않으니 해임하십시오"라는 사간원의 건의처럼, 성산월도 김예종을 한심하고 시시한 남자로 생각했을 것이다. 날 밝은 뒤에야 실상을 깨달은 김예종은 그제야 얼굴을 붉히며 후회했노라고《어우야담》은 전하고 있다.

이 이야기는 김예종의 성격적 특성을 보여주는 것이기도 하지만, 그만큼 성산월이 무척 예뻤음을 반영하는 것이기도 하다. 상주 기생이었던 성산월이 한성으로 진출하고 또 고위층과 교류할 수 있었던 것은, 한 선비가 귀신으로 착각할 정도의 대단한 미모를 소유했기 때문이다.

그런 성산월의 명성을 일거에 무너뜨린 남자가 있었다. 성산월을 '차지'한 남자가 아니라 성산월을 '무너뜨린' 남자가 있었는데 그 주인공은 성명 미상의 일개 노비였다. 장흥고 소속의 공노비로 알려진 남자다. 장흥고는 궁중에서 사용할 물품을 조달하는 관청이었다. 이곳 소속의 관노가 성산월에 접근한다는 것은 꿈에도 생각할 수 없는 일이었다. 게다가 그는 신체적 콤플렉스도 갖고 있었다. 호리병처럼 생긴 큰 혹이 목에 있었던 것이다. 물론 외모가 중요한 것은 아니지만, 이것이 그에게는 상당한 콤플렉스였을 것이다. 그런 그가 성산월을 자기 여자로 만드는 데 성공했다. 목에 큰 혹이 있는 노비의 여자가 되었으니 당대 최고의 기생이라는 성산월의 명성이 일거에 붕괴된 것은 당연했다.

당대 최고의 기생을 자신의 여자로 만든 그 노비는 돈이 매우 많았다. 《어우야담》에서는 "재산이 거만鉅萬이었다"고 했다. 이 표현만으로는 재산이 정확히 어느 정도였는지 확인할 수 없지만, 고위층 인사들을 제치고 성산월을 차지할 수 있을 정도의 거액이었던 모양이다.

《어우야담》에서는 성산월의 남자가 어떤 방식으로 재산을 축적했는지 알려주지 않는다. 이치적으로 생각할 때, 크게 두 가지 루트가 있다. 만약 납공노비였다면, 그는 농업보다는 상업을 통해 큰돈을 벌었을 가능성이 높다. 물론 선상노비였다면 근무 외 시간에 상업 같은 것을 경영할 수도 있었지만, 돈을 벌 수 있는 또 다른 방법이 있었을 것이다. 일종의 조달청에서 근무했기 때문에, 업무 과정에서 부정한 방법으로 돈을 벌었을 가능성을 생각할 수도 있다.

주목해야 할 것은, 일개 관노가 당대 최고 기생을 유혹할 정도의 재산을 보유했다는 사실이다. 사극 속의 노비들은 좁은 방에서 별다른 재산도 없이 살지만, 이 사례에서 나타나는 바와 같이 노비들 중에는 상당 규모의 재산을 모은 이들도 있었다. 이어지는 항목에서, 노비의 재산 보유에 관해 좀더 구체적으로 살펴보자.

낯설지 않은 노비의 재산 보유 풍경

민법에 법인法人이란 개념이 있다. 법인이란 법률에 의해 창조된 사람을 의미한다. 법인제도를 만든 것은, 자연인 즉 사람만으로는 법률관계를 온전히 처리할 수 없기 때문이다. 예컨대 100명이 모여 하나의 단체를 결성했다고 가정해보자. 단체 활동을 하다보면 돈도 모이고 채권도 생기고 채무도 발생한다. 이런 경우, 오로지 자연인만 법률관계를 처리할 수 있도록 한다면, 단체 내의 자산과 부채를 처리하기가 곤란하다. 사무실 하나를 구입하더라도 단체 구성원 100명의 공동 명의로 해야 할 것이다. 대표를 세우더라도 여전히 문제는 남는다. 단체의 채권이나 채무가 대표 한 사람에게 귀속될 경우, 채권보다 채무가 많아지는 순간에 대표는 해외나 또는 상응하는 다른 곳으로 도피할 것이다. 만약 단체를 사람으로 인정하고 단체의 명의로 법률행위를 할 수 있도록 한다면, 이런 문제가 발생하지 않을 것이다. 민법상의 법인제도는 바로 여기에 의의가 있는 것이다.

사람들로 구성된 단체 자체가 법인격을 부여 받은 사단법인, 재산 자체가 법인격을 부여 받은 재단법인 등, 이런 법인들은 형식적으로만 사람일 뿐이지 실상은 사람이 아니다. 사람이 아닌 것을 사람으로 간주하는 법인제도를 만든 까닭은, 인간의 머릿속에서는 사람이 아니면 법률행위를 할 수 없기 때문이다. 오로지 사람만이 인간사회 안에서 집도 사고 물건도 사고 거래도 할 수 있다는 것이 인간의 관념이다. 이처럼 인간이 아니면 재산을 소유하고 처분할 수 없다는 관념은 노비의 재산권을 제약하는 요인이었다. 왜냐하면,

노비는 인간이 아닌 물건으로 취급되었기 때문이다. 논리적으로 보면, 노비가 재산을 보유하지 못하는 것이 이치적이었다.

하지만 이것은 원칙일 뿐이었다. 전체 인구에서 적어도 30퍼센트 이상을 차지한 노비들이 국민총생산의 상당 부분을 담당하고 있는데다가 주인이 모든 노비를 완력으로 통제할 수도 없는 일이었기에, 노비가 자신의 재산을 확보하고 증식하는 것을 막을 수는 없었다. 외거노비가 세공을 바치고 남은 쌀을 아껴 먹고 비축해둔 경우, 주인이 그것까지 가로챌 수는 없는 일이었다. 주인들이 그렇게 했다가는 노비제도 자체가 와해될 수도 있었다.

대부분의 노비들은 먹고살기도 바빴겠지만, 일부 노비들 중에는 재산을 축적하여 부자의 반열에 올라서는 이들이 있었다. 그렇게 부자가 된 노비들 중 일부는 축적한 재산으로 토지나 가옥 등을 매입했다. 이렇게 축적한 재산을 자식에게 물려주었다. 소수의 노비에 국한된 것이기는 하지만, 노비가 노비를 소유한 경우도 있었다. 장흥고 노비가 당대 최고의 기생을 유혹할 수 있는 재산을 모은 것은, 이처럼 노비의 재산 보유를 전혀 이상하게 생각하지 않는 사회 분위기가 존재했기 때문이다.

거부의 반열에 오른 노비들을 사료에서 만나는 것은 어렵지 않다. 그중 한 명을, 함길도(함경도)에 군수물자를 공급하는 것과 관련한 세조시대의 사례에서 만날 수 있다. 함길도는 여진족 방어를 위한 전초기지다. 그렇기 때문에 군수물자를 충분히 공급해야 하는 지역이었다. 하지만 국가재정이 그리 넉넉지 못했다. 또 변방이어서 군수물자를 제때 공급하는 것도 쉽지 않았다. 그래서 조정은 민

조선시대 상류층 집안의 부엌 | 소수이기는 하나 노비들 중에는 재산을 축적하여 부자의 반열에 올라서는 이들이 있었다. 사진은 운현궁의 주방이다. 서울시 종로구 운니동 소재.

간에, 그리고 노비에게까지 손을 벌렸다.

세조 13년 7월 4일자(1467. 8. 3.) 《세조실록》에 따르면, 조정에서는 공노비나 사노비가 쌀 50석(100가마니)을 함길도까지 직접 운송해 주면 면천을 시켜주겠다고 했다. 쌀 50석은 상당한 재물이었다. 울산 옥현의 경우, 1968년 이선까지만 해노 논 한 마지기(300평)의 연간 수확량이 112킬로그램에 불과했다. 한 마지기에서 쌀이 한 석도 안 나왔던 것이다. 조선시대 수확량은 이보다 훨씬 적었다. 수확량이 적었으니, 조선시대에는 오늘날에 비해 쌀이 비쌀 수밖에 없었다. 이런 점을 보면, 쌀 50석을 국가에 헌납하고 자기 비용으로 함길도까지 운반하는 것은 대단한 경제력을 갖지 않고서는 불가능한 일임을 알 수 있다. 국가가 노비들에게 이런 제안을 했다는 사실은,

제법 많은 수의 노비들이 꽤 많은 재산을 보유하고 있었음을 의미했다.

더욱 놀라운 것은, 너무 많은 노비들이 이 제안에 호응하는 바람에 국가가 오히려 당황할 정도였다는 사실이다. 결국 조정에서는 위의 조치를 시행한 지 2개월 만인 세조 13년 9월 10일(1467. 10. 7.)에 취소 결정을 내렸다. 함길도에 군수물자를 제공함으로써 생기는 군사상의 이익보다는 노비들을 대거 면천시킴으로써 생기는 체제상의 불이익이 더 크다고 판단했던 것이다. 이는 그만큼 부유한 노비들이 많았음을 의미한다.

오늘날 자연재해가 발생하면 재벌들이 거액의 성금을 내는 일이 있다. 이것은 재해를 입은 사람들을 돕는 일이지만, 어떤 측면에서 보면 재벌의 경제력을 보여주는 일이기도 하다. 조선시대에도 자연재해가 발생하면 부자들이 재산을 헌납하곤 했다. 그런데 노비들이 거액을 헌납하는 경우도 있었다. 《성종실록》에 따르면, 충청도 진천에 사는 사노비 임복은 기근에 빠진 사람들을 돕고자 곡식 2,000석을 바쳐 성종에 의해 면천을 받기도 했다.[44]

이 일이 전국의 부자노비들에게 큰 영향을 준 모양이다. 한 달도 안 돼서 충분한 양의 곡식이 모아진 것을 보면, 적지 않은 수의 부자노비들이 기부 대열에 가담했을 가능성이 있음을 알 수 있다. 그런데 뒤늦게 이 대열에 동참한 사노비가 있었다. 전라도 나주의 남평에 사는 가동이란 노비도 임복과 똑같이 2,000석의 곡식을 납부한 것이다. 하지만 성종은 이번에는 임복과는 다른 명을 내렸다. 이미 충분한 양의 곡식을 모았으니 더는 면천을 해주지 말라는 것이었다.[45] 어쨌든 이처럼 부유한 노비들의 존재를 사료에서 찾는 것은 그리 어려운 일이 아니다.

앞에서, 장흥고 노비와 관련해 그의 재산 증식이 상업 경영과 관련된 것일 가능성이 높다고 설명했다. 상업 외에 농업 경영도 재산 증식의 주요 방법 중 하나였다. 직접 농사를 지어 돈을 버는 경우도 있었겠지만, 부유한 양인의 대토지를 관리해주는 방법으로도 돈을 벌 수 있었다.

이수건이 엮은 《경북지방 고문서 집성》에 담긴 하씨河氏 여인의 〈화회문기和會文記〉(재산분배 문서)에서 그런 정황을 엿볼 수 있다. 임진왜란 3년 전인 1589년에 작성된 이 문서에 따르면, 김부필金富弼이란 이의 미망인인 하씨는 대토지를 소유한 집안의 딸이었다. 그런데 하씨 집안의 전답은 100여 년 전부터 노비가 관리했다. 일종의 마름이 이 집안의 토지를 관리했던 것이다. 그런데 세월이 오래되고 하씨 집안의 감독이 느슨해지니, 이 집안의 토지는 어느새 노비의 실질적 소유로 넘어가고 말았다. "태반이 줄어들었다"고 할 정도였다. 그만큼 많은 토지가 노비의 수중에 넘어간 것이다.

앞서 설명한 대로, 조선이란 나라를 실무적으로 운영한 사람들의 상당수는 다름 아닌 노비들이었다. 그렇기 때문에 선비가 직접 토지를 관리하기보다는 노비가 권한을 위임받아 대신 관리하는 경우가 많았다. 그런 이유로, 주인의 토지를 은근히 잠식해서 자기 재산을 증식하는 노비들도 생길 수밖에 없었던 것이다. 이러저러한 방법으로 노비들도 재산을 축적할 수 있었다.

국가 입장에서는 이런 현상을 인정할 수밖에 없었다. 가진 자의 권리를 인정하지 않고는 제대로 운영될 수 없는 것이 국가다. 노비들 중에도 가진 자들이 있었으므로 그들의 권리를 인정해야만 했다. 그들의 재산권을 인정해주지 않는다면, 농업생산과 그로 인한 조세 수취를 기대할 수 없었다. 국가가 보호해주지 않을 경우 노비주가 노비의 재산을 빼앗으려 할 것이고, 그렇게 되면 노비의 노동에 근간을 둔 경제체제가 마비될 수밖에 없었다. 세조 4년 1월 30일자(1458. 2. 13.) 《세조실록》에서는 노비의 재산을 보호해주려는 국가의 의지를 읽을 수 있다. 노비주가 노비의 재산을 함부로 침탈하지 못하도록 규정했다. 이 사례를 통해 노비든 양인이든 가진 자를 배려하는 국가의 속성을 확인할 수 있다. 그만큼 노비들 중에도 재산을 축적한 이들이 꽤 있었던 것이다.

하지만 부유한 노비의 모습을 전체 노비의 이미지에 대입해서는 안 된다. 부유한 노비가 적지 않았음은 사실이지만, 그들은 전체 노비의 일부에 불과했다. 노비는 주인이나 일반 양인에 비해 법적으로나 사회적으로나 불리한 처지에 놓여 있었다. 이는 그들의 재산이나 신체가 부당한 침해를 받을 가능성이 높았음을 의미한다. 또한 양인에 비해 재산을 축적할 수 있는 기회도 적었고 재산을 지킬 수 있는 힘도 약했다. 그렇기 때문에 일반적인 노비들은 양인들에 비해 가난하게 살았다고 이해해야 한다. 이번 장에서는 그것의 예외를 보여주었을 뿐이다.

사랑에 실패한 여종, 덕개
노비의 사랑과 결혼

여종의 사랑을 막은 김대섭

16세기에 덕개德介라는 여자 노비가 살았다. 김대섭金大涉(1549~94)이란 이의 사노비로 외거노비였던 듯하다. 김대섭은 경상도 병마절도사(지역 사령관, 종2품)를 지낸 김윤종金胤宗의 손자로 서른다섯 살에 소과에 합격했지만, 건강상의 이유로 대과 응시는 포기했다. 임진왜란 때 자진해서 선조 임금을 호위한 공로로 의금부도사가 되었으며 이어서 조지서별제(종6품)가 되었다. 그러나 전쟁 중 격무로 사망했다.

덕개가 사랑한 남자가 있었는데 허봉許篈(1551~88)이었다. 유명한 문인인 허난설헌許蘭雪軒의 오빠이자 허균許筠의 형이었다. 허봉 역시 재주가 탁월했는데 스물세 살 때 선조에게 사가독서賜暇讀書를 받기도 했다. 사가독서란 왕이 신하에게 휴가를 주어 글을 읽도록 하는 제도로 세종 때 집현전 학사 중에서 우수한 이에게 학문 연구를 위한 휴가를 준 데서 비롯됐다. 허봉이 살았던 16세기에는 국가에서 두모포豆毛浦(지금의 서울시 성동구 옥수동)에 동호당東湖堂이란 건물을 지어 그곳에서 사가독서를 하게 했다. 지금도 약수동에서 옥수동으로 넘어가는 고개를 독서당고개 혹은 독서당길이라 한다. 허봉은 학문적으로뿐 아니라 당쟁에서도 눈부신 활약을 펼쳤다. 동인당東人黨의 선봉이 되어 활약했던 것이다. 서른네 살 때는 서인당의 율곡 이이李珥를 탄핵했다가 함경도로 유배되기도 했다.

《어우야담》에 따르면, 덕개와 허봉이 처음 만난 것은, 허봉이 함경도에 귀양 갔다 돌아온 직후인 1585년 무렵이었다. 둘은 만나자마자, 금세 활활 타올랐다. 명망이 높은 관료인 홍가신洪可臣(1541~1615)이 두 남녀를 두고 풍마風馬라고 놀릴 정도였다. 풍마란 발정 난 암말과 수말을 가리킨다. 그렇지만 이들의 열애는 결실을 맺지 못했다. 덕개는 허봉이 아니라 김대섭의 노비였다. 그렇기 때문에 덕개의 혼인은 주인인 김대섭이 결정권을 행사할 수 있는 여지가 많았다. 그래서 김대섭의 의사가 이들의 사랑을 좌지우지할 수도 있었을 것이다.

김대섭도 덕개를 좋아했을 가능성이 있지만 그러지 않았을 것이라고 한번 가정해보자. 만약 허봉이 일반 평민이었다면, 김대섭이 굳이 반대할 이유가 없었을 것이다. 여자 노비와 남자 양인이 결혼할 경우, 거기서 생긴 자식은 어머니의 주인에게 귀속된다. 그렇기 때문에 여자 노비의 주인으로서는 자기 노비가 양인 남자와 결혼하는 것을 굳이 반대할 이유가 없었다.

하지만 덕개가 허봉과 혼인하는 경우에는 사정이 좀 복잡해진다. 허봉의 사회적 지위가 높기 때문에, 김대섭이 덕개의 아이를 데려가기가 힘들 수도 있었다. 당시 허봉은 동인당의 선봉장으로 요즘

말로 하면 정당 원내대표 정도의 인물이었다. 김대섭은 임진왜란 이전만 해도 아직 관직에 진출하지 않았기 때문에, 허봉을 상대로 덕개의 아이를 빼앗아올 만한 입장이 아니었다. 허봉이 아이를 순순히 내준다면 모르지만 그렇지 않을 경우에는 녹록하지 않은 싸움을 각오해야 했다. 법적으로는 아이를 빼앗아올 수 있었지만 현실적으로는 쉽지 않았던 것이다. 그랬기 때문에 김대섭으로서는 덕개와 허봉의 만남을 방해하는 수밖에 없었다. 그게 최선책이었다.

물론 허봉의 입장에서 덕개의 주인인 김대섭의 반대는 덕개 부모의 반대보다 더 무서운 것이었다. 《어우야담》에 따르면 그런 우려는 그대로 현실화되었다. 허봉은 말을 보내 덕개를 자기 집에 데려가려 했다. 첩으로 삼으려 했던 것이다. 앞에서 덕개가 외거노비였을 것이라고 말한 것은 이 때문이다. 덕개가 노비주와 함께 거주하는 솔거노비였다면 허봉이 함부로 말을 보낼 수 없었을 것이기 때문이다. 하지만 이 정보를 입수한 김대섭이 제지에 나섰고 그 결과 덕개는 그대로 집에 눌러앉을 수밖에 없었다.

덕개와 허봉의 이야기에서 알 수 있는 것처럼, 노비의 사랑과 결혼은 노비 자신의 의지나 판단만으로 성사될 수 있는 일이 아니었다. 노비의 사랑과 결혼은 주인의 이해관계와 직결되기 때문에 주인에게 불이익이 되지 않는 범위에서만 이루어질 수 있었다. 노비는 물건으로 취급되었으니, 그들의 사랑과 결혼도 제약을 받지 않을 수 없었던 것이다. 노비의 사랑과 결혼을 제약하는 것은 노비주만이 아니었다. 경우에 따라서는 국가권력까지 나섰다. 이어지는 항목에서 그 실상을 확인해보자.

국가가 강제이혼을 시킨 노비들

노비는 신분적으로 남에게 예속된 존재였기 때문에, 결혼문제에서도 제약을 많이 받았다. 경제력이나 지위가 높아진 노비들은 그렇지 않은 노비들에 비해 제약을 덜 받았겠지만, 이들 역시 완전히 자유로울 수는 없었다. 자신과 비슷한 경제력이나 지위를 보유한 배우자를 고르려면, 아무래도 노비라는 신분이 걸릴 수밖에 없었을 것이다. 노비 입장에서 가장 편한 선택은 같은 주인을 둔 이성을 고르는 것이었겠지만, 그것 역시 쉽지 않은 일이었을 것이다. 같은 주인 밑에 있다고 해서 연정이 무조건 생길 리는 없었다. 노비의 결혼에 가해진 제약을 이것저것 논하다 보면 한도 끝도 없기 때문에 여기서는 노비의 결혼에 관한 법적 제약만 살펴보기로 하자.

법에서 제약을 둔 결혼 형태는 남자 노비와 여자 양인의 혼인이다. 이런 경우의 일차적 동기는 노비 숫자의 감소를 방지하기 위한 것이었다고 볼 수 있다. 자녀의 신분은 원칙상 어머니의 신분을 따르도록 했으므로, 이런 결혼을 인정할 경우 자식은 모두 양인이 되기 때문에 장기적으로는 노비의 숫자가 감소할 수밖에 없었다. 이 외에, 양인 남자들의 '자존심'도 어느 정도는 작용했다고 할 수 있다. 양인 여자를 노비들한테 빼앗기지 않으려는 동기도 작동했다고 생각할 수 있다.

관련 규정은 이미 고려시대에도 존재했다. 《고려사》〈형법지〉에서는 정확히 언제부터 금지했는지는 명시하지 않았지만, 남자 노비와 여자 양인의 혼인을 방조한 노비주나 가장을 처벌했다고 언급함으로써 이런 형태의 결혼을 금지했음을 알려주고 있다. 이런 법제는 조선시대에도 그대로 이어졌다. 《태종실록》에 따르면, 태종 1년 7월 27일(1401. 9. 5.)에는 남자 노비와 여자 양인의 혼인 금지를 분명히 하고, 이를 위반한 남녀는 강제로 이혼시키도록 했다. 관련자를 처벌하는 데 그치지 않고 아예 이혼을 시키기로 했으니 고려시대에 비해 한층 더 엄해졌다고 볼 수 있다.

태종 6년 1월 1일(1406. 1. 20.)부터는 보다 강력한 조치를 취했다. 결혼한 남자 노비와 여자 양인을 강제로 이혼시키는 것에서 한걸음 더 나아가, 두 사람과 그들 사이에서 태어난 자녀를 모두 공노비로 만들었다.[46] 단, 예외 규정이 있었다. 남자 노비가 사노비일 경우, 이 규정이 노비주에게 재산상의 손실을 주게 된다. 그래서 남자 노비의 주인이 이 사실을 몰랐을 경우, 남자 노비는 그대로 사노비로 두도록 했다. 이 규정은, 노비주들이 자신의 노비가 양인 여자와 결혼하지 못하게 감시하도록 하기 위한 것이었다.

태종 13년 9월 1일(1413. 9. 25.)에는 태종 6년 조치에 비해 다소 완화된 규정이 나왔다. 남자 노비와 혼인한 여자 양인이 공노비가 되지 않도록 한 것이다. 그러나 두 남녀가 강제 이혼을 당하는 것과 남자 노비 및 그들의 자녀를 공노비로 만드는 조치는 여전했다. 여자 양인의 신분만 보호한 것이다. 이 조치는 태종 6년 1월 1일에 언급한 법령에 대한 반성에 기초한 것이었다. 남자 노비의 경우에는 노비주가 결혼 사실을 몰랐다는 이유만으로 공노비가 되지 않을 수 있도록 하면서 여자 양인만 공노비가 되도록 하는 것은 형평성에 맞지 않는다는 지적이 있었기 때문이다. 그래서 여자 양인의 신분을 그대로 인정했던 것이다.

단종 2년 5월 8일(1454. 6. 3.)에는 남자 사노비가 여자 양인과 혼인하면 그 자녀를 사노비의 주인에게 귀속시켰다. 남자 사노비는 종전대로 공노비가 되도록 했다. 물론 주인이 결혼 사실을 몰랐을 경우에는 예외였다. 자녀를 사노비의 주인에게 주도록 한 것은 노비주의 경제적 이익을 고려한 조치였다. 신랑인 남자 사노비를 국가가 데려가는 대신, 그 자녀를 사노비의 주인에게 줌으로써 노비주의 손해가 최소화되도록 한 것이다. 한편, 남자 공노비와 여자 양인이 결혼할 경우에 취해진 조치는 태종 13년 9월 1일의 것과 똑같았다.

이때까지 발포된 법령들이 《경국대전》〈형전〉에 통합적으로 규정되었다. 남자 노비와 여자 양인이 혼인하면 이들을 강제로 이혼시키는 동시에 남자 노비를 공노비로 만들었다. 단, 남자 노비가 사노비이고 노비주가 자기 노비의 결혼 사실을 몰랐을 경우만은 신랑을 공노비로 만들지 않았다. 여자 양인은 그대로 양인 신분을 보유했다. 자녀의 법적 처리는 두 가지 경우로 나뉘었다. 남자 노비가 공노비인 경우에는 자녀를 공노비로 만들고, 남자 노비가 사노비인 경우에는 자녀를 사노비로 만들었다. 산속에서 숨어 살 각오를 하지 않는 한, 남자 노비와 여자 양인의 결혼은 꿈꾸는 것조차 쉽지 않았다. 그래서 노비는 노비와 결혼할 수밖에 없었다. 그러나 실상은 법을 위반한 혼인도 많았다. 그런 이유로 법에서 엄단했던 것이다.

재산 목록에 거명된 김무의 노비들

노비의 자녀

노비와 노비 혹은 노비와 양인이 결혼하면 그 자녀는 노비인가 아닌가 하는 문제가 자주 거론된다. 이때마다 종모법이니 종부법從父法이니 하는 용어들이 나온다. 종모법과 종부법의 역사적 변천을 고찰하기에 앞서, 구체적 사례를 살펴본다면 훨씬 더 수월하게 이해할 수 있을 것이다.

노비 자녀들의 운명

세종 때 김무金務란 사람이 살았다. 그는 죽기 전에 225명의 노비를 자손들에게 물려주었다. 노비를 225명이나 두었다면 오늘날로 치면 대기업이었다. 앞에서 2009년 현재의 중소기업기본법 시행령에 따르면 300명 이상의 상시 근로자를 둔 제조업체는 대기업이라고 설명했다. 그렇다면 225명의 노동자를 둔 김무 가문은 중소기업으로 보아야 하는가? 그렇지 않다. 세종시대 인구는 오늘날 인구의 14퍼센트에도 미치지 못했다. 국가통계포털(http://kosis.kr)에 따르면, 2010년의 내국인 인구는 47,990,761명이다. 권태환·신용하의 연구[47]에 따르면, 세종 11년인 1429년의 추정인구는 6,435,000명이다. 오늘날의 인구가 세종시대 인구의 7.5배가 되니, 세종시대의 225명은 오늘날의 1,688명 정도는 된다고 보아야 한다. 이런 점을 본다면, 김무 집안이 '농업 대기업'이었다 해도 큰 무리는 없을 듯하다. 다시 말해, 김무의 노비들은 당시로서는 꽤 잘 나가는 기업에 소속된 노동자들이었던 셈이다. 따라서 이 집안의 실상은 당시 사회상을 이해할 수 있는 방편이 될 만하다고 할 수 있다.

김무 집안의 노비 자녀들이 법적으로 어떻게 처리되었는지가 김무가 남긴 분재기에 남아 있다. 《경북지방 고문서 집성》에 있는 〈김무 도허여문기金務都許與文記〉란 문서가 바로 그것이다. 이 문서 역시 한문뿐 아니라 이두로도 작성되었다. 이 분재기는 세종 11년인 1429년에 김무가 자손들에게 상속한 노비들에 관한 정보를 담고 있다. 분재기 속에서 노비 자녀들의 운명을 살펴보자.

가. 장남인 고故 서령署令 탄지坦之의 몫

나. 아버지 쪽에서 전해오는 것

다. 여노비 범장의 소생인 여노비 반이, 나이 마흔 살

라. 같은 여노비 반이의 소생인 남노비 묘동, 나이 여덟 살

마. 다음 소생인 남노비 작연, 나이 여섯 살

바. 다음 소생인 여노비 작덕, 나이 두 살

사. 죽은 남노비 백동과 양인 아내가 낳은 자식인 여노비 막장, 나이 열두 살

아. 죽은 여노비 석이의 소생인 남노비 조송, 나이 열 살
자. 여노비 가질가의 소생인 남노비 금록, 나이 스물다섯 살
차. 죽은 남노비 한문과 양인 아내인 복수 사이의 소생인 여노비 나화이, 나이 미상
카. 같은 여노비인 나화이의 소생인 남노비 성춘, 나이 두 살

각 행의 항목 표시는 설명의 편의를 위해 필자가 임의로 붙였다. 여기에는 김무의 장남인 김탄지에게 배당된 노비들의 신상명세서가 제시되었다. '서령'이란 관직을 가리킨다. 명칭이 '서署'로 끝나는 관청의 책임자였던 것이다. '고故'라는 표현에서 알 수 있듯이, 김탄지는 아버지보다 먼저 세상을 떠났다. 그러므로 이 부분은, 정확히 말하면, 김탄지의 아내와 자손들에게 배당된 노비들에 대한 내용이다. '아버지 쪽에서 전해오는 것'이라는 표현은 김무가 자기 아버지에게 물려받은 노비들임을 의미한다. 조선시대 노비 문서에는 노비주가 어떤 경로를 통해 노비를 취득했는지를 반드시 표시했다. 이 문서에서처럼 아버지에게 받은 것인지 어머니에게 받은 것인지 등등을 표시했던 것이다. 이 외에도 김무가 아버지에게 물려받은 노비 중에서 김탄지에게 물려준 노비는 훨씬 더 많다. 이 글에서는 설명의 편의를 위해 일부만 제시했을 뿐이다. 여기에는 보이지 않지만 김무는 아버지에게 물려받은 노비 외에 어머니와 외할머니에게 물려받은 노비 중 일부도 김탄지에게 배당했다.

위에 적힌 노비 아홉 명을 보면, 부모 한쪽이 노비이면 그 자녀는 어떻게든 노비가 될 수밖에 없음을 알 수 있다. 분재기를 주의 깊게

살펴보자. 여노비인 범장, 반이, 석이, 가질가, 나화이의 남편이 누구인지 표시되지 않았다. 이는 여노비의 경우에는 남편이 누구인지가 중요하지 않았기 때문이다. 물론 여노비 본인에게는 자기 남편이 누구인지 중요했겠지만, 적어도 노비주의 입장에서는 중요하지 않았다. 여노비가 어떤 남자와 관계를 가졌든 그들 사이에서 출생한 자녀는 무조건 주인의 소유의 노비가 되었기 때문이다.

'라'에서 '바' 항까지를 자세히 음미해보자. 이 부분은 여노비 반이의 자녀들에 관한 내용이다. 그런데 아이들의 이름이 어째 좀 이상하다. 묘동, 작연, 작덕이다. 둘째와 셋째는 '작' 자 돌림이다. 이들의 성별은 다르다. 둘째 작연은 남자아이고, 셋째 작덕은 여자아이다. 그러면서도 남자아이인 첫째의 이름에는 '작' 자가 없다.

이는 당시 여노비들의 성관계 혹은 혼인 실태를 반영한다. 노비주의 입장에서는 여노비가 아이를 '무조건' 많이 낳는 게 이익이었다. 그래서 자기 집 여노비가 밖에 나가 남자들을 많이 사귀기를 희망할 수밖에 없었다. 그러다 보니 여노비들 중에는 이 남자 저 남자와 복잡하게 얽히는 경우가 많았다. 하지만 앞에서 소개한 김대섭은 덕개와 허봉의 사랑을 반대했다. 그것은 허봉이 고위층이라서 자칫 덕개는 물론 덕개의 자녀까지도 빼앗길 가능성이 있었기 때문이다. 어쩌면 김대섭이 덕개를 짝사랑했을 수도 있다. 이런 경우를 제외하고는, 자신의 재산인 노비를 늘릴 수 있는 기회라고 판단된다면 노비주로서는 여노비의 '애정 행각'을 굳이 반대할 이유가 없었다. 특히 여노비가 솔거노비라면, 노비주가 배후에서 이런 조종을 하기가 쉬웠을 것이다. 어찌 되었든 여노비의 출산에 대한 노비주들의 반응은 '환영'이었다. 여노비 반이가 낳은 자녀들의 이름에서 좀 이상한 느낌이 나는 원인은 바로 여기에서 찾을 수 있다.

반이의 세 자녀 중에서 작연과 작덕만 돌림자를 사용한 것은 이들과 묘동의 아버지가 다를 가능성이 높음을 시사한다. 반이는 묘동의 친부와 관계를 갖다가 작연과 작덕의 친부와 관계를 가졌을 수도 있다. 여노비가 낳은 아이는 무조건 주인의 노비가 되는 시대였기에, 반이가 이 남자 저 남자와 관계해서 여러 아이를 낳을 수 있었던 것이다. 그런 애정행각을 숨길 필요도 없었던 것은 그것이 당연시됐기 때문이다. 앞서 강조했듯이, 세 아이의 친부들이 양인인지 노비인지는 중요하지 않았다. 양인 중에서도 고위층 양반이라면 모를까, 평범한 양인에 불과하다면 이것은 문제가 될 가능성이 낮았다.

'사' 항과 '차' 항에는 양인 여성과 결혼한 남노비들에 관한 정보가 나온다. 양인 여성과 결혼한 것을 볼 때, 이들은 일반 노비들보다 경제력이 좋았을 가능성이 있다. 외모가 좋았거나 언변이 탁월했을 수도 있지만, 아무래도 경제력이 높았으리란 추정이 좀더 현실적이다. 높은 경제력으로 양인과 결혼할 수 있었다면, 그들은 외거노비로서 재산을 축적했을 가능성이 있다. 이런 관계에서 태어난 나화이('차' 항)의 나이를 주인집에서 파악하지 못한 것을 보면, 남노비 한문이 외거노비였을 가능성이 높다고 볼 수 있다. 이렇게 남노비와 여성 양인 사이에서 태어난 아이도 무조건 노비였다.

분재기에서 알 수 있는 바와 같이, 부모 중 한쪽이 노비인 경우 자녀는 어떻게든 노비가 될 수밖에 없었다. 앞에서 서얼 문제와 관련하여 살펴본 것처럼, 아버지가 고위층 양반이고 과거시험을 준비할 만한 경제력이 있는 경우에는 신분상의 특혜를 받을 수 있었다. 하지만 일반적인 경우에는, 부모 중 한쪽이 노비이면 자녀 역시 노비가 될 수밖에 없었다.

이렇게 부모 중 한쪽이 노비이면 자녀가 무조건 노비가 될 수밖에 없는데도, 어머니를 따르는 종모법이니 아버지를 따르는 종부법이니 하는 논쟁이 있었던 이유는 무엇일까?

종모법이냐 종부법이냐

삼성그룹 창업자인 이병철은 여진족 금나라의 역사를 기록한 《금사金史》〈희종본기熙宗本紀〉에 근거한 "사람이 의심스럽거든 쓰지 말고 사람을 썼으면 의심하지 말라〔疑人勿用用人勿疑〕"란 문구를 인재채용의 금과옥조로 삼았다고 한다. 〈희종본기〉에는 "의인물사 사인물의疑人勿使使人勿疑"라고 되어 있다. 원문의 사使가 용用으로 바뀐 것이다.

노비제 사회의 경영인들은 인재채용에 대해 오늘날의 기업만큼 많이 고민하지 않았다. 직원 중 상당수가 '채용'이 아니라 '출산'으로 충원되었기 때문이다. 그것도, 주인이 직접 출산하는 게 아니라 직원이 출산해주었다. 여노비만 많이 있으면 신입사원 채용은 전혀 걱정할 필요가 없었다. 오늘날의 기업에서 고민하는 인재채용의 문제가, 노비제 사회에서는 여노비 관리를 통해 자연스레 해결되었던 것이다. 여노비만 잘 관리하면 직원 충원 문제는 자동적으로 해결된 셈이다.

노비주들의 이 같은 이해관계를 반영한 조치가 최초로 나온 것은 고려 제10대 정종 때였다. 《고려사》〈형법지〉에서는 "정종 5년(1039), 천것은 어머니를 따르도록 하는 법을 제정했다"고 했다. '천것은 어머니를 따른다'란 문장의 한문 표현인 '천자수모賤者隨母'를 따서, 학계에서는 이 법을 천자수모법이라 부른다. 고려시대의 천자수모법과 조선시대의 종모법은 본질적으로 똑같은 것이지만, 둘 사이에는 뉘앙스의 차이가 약간 있다. 이 점은 뒷부분에서 설명한다.

1039년에 나온 천자수모법은 기존의 사회관행을 성문법규에 담은 것뿐이다. 이미 그 전부터 노비의 자녀는 어머니의 주인에게 종속되었다. 여자 노비와 남자 노비가 성관계를 맺거나 혼인을 하면, 둘 사이에서 태어난 자녀는 여자 쪽 주인에게 귀속되었던 것이다.

그럼, 부모 중 한쪽만 노비인 경우는 어떻게 됐을까? 이런 경우는 법으로 금지되었다. 노비와 양인의 혼인을 금지했기 때문이다. 하지만 백성 상당수가 노비인 상황에서 노비와 양인의 결혼 내지는 성관계를 완전히 차단할 길은 없었다. 그래서 이런 경우에 대비한 관습법이 있었다. 관습법의 내용이, 몽골 간섭기 때 충렬왕이 몽골 제국에 보낸 문서에서 나타난다.

《고려사》〈형법지〉에 따르면, 충렬왕 26년 10월(1300. 11. 13.~12. 11.) 몽골제국이 고려의 노비제도에 대한 개혁을 요구했다. 몽골이 자국의 관할 혹은 영향권에 있는 민족들에게 제도개혁을 요구한 사례는 많이 발견된다. 마르코 폴로의 《동방견문록》에 따르면, 몽골

제국 제4대 카칸(황제)인 몽케(재위 1251~59)는 지금의 중국 신장위구르자치구에 있는 하미(카물)란 지역을 상대로 문화개혁을 요구했다. 나그네에게 아내를 제공하는 풍습을 개혁할 것을 요구한 것이다. 이런 식으로, 몽골은 고려에 대해서도 제도개혁을 주문했다. 고려의 노비제도가 몽골인들의 눈에는 불만스러웠던 것이다. 그러나 충렬왕은 '노비제도는 이미 오래된 관행'이라며 개혁을 거부했다. 그렇게 거부 의사를 밝히는 중에 그는 "천인들의 경우는, 아비나 어미 중 한쪽이 천하면 곧 천한 것"이라고 언급했다. 부모 중 한쪽이 노비이면 자녀는 무조건 노비가 되었다고 말한 것이다. 이것을 한쪽이 천하면 무조건 천하다는 의미의 '일천즉천—賤則賤의 원리'라 한다. 어머니만 노비인 경우에는 일천즉천의 원리와 천자수모의 원리가 동시에 적용되었다. 그래서 그 자녀는 어머니 쪽의 노비가 되었다. 아버지만 노비인 경우에는 일천즉천의 원리만 적용됐다. 그래서 그 자녀는 아버지 쪽의 노비가 되었다.

일천즉천의 원리는 노비주들에 의해 악용되었다. 그들은 이것을 노비 확장의 발판으로 삼았다. 12세기 이후 귀족들과 불교 사원들이 노비 숫자를 확대할 수 있었던 것은 바로 이 때문이다. 일천즉천의 원리를 이용해서 여노비와 양인의 혼인 내지 성관계를 부추겼다. 이런 현상은 고려왕조의 멸망을 초래한 핵심 요인 중 하나였다. 병역과 납세 의무를 지는 양인들이 줄어들고 귀족이나 불교 사원의 지배를 받는 노비들이 늘어났으니, 국가가 병사나 세금을 모으기가 어려워졌던 것이다. 고려 말의 국방이 사실상 사병에 의존한 것은 바로 이 때문이다. 노비들을 대거 보유한 민간 귀족들이 자체적으로 사병을 키웠던 것이다. 이런 사병들은 조선 태종 때 가서야 꼬리를 감추었다.

일천즉천의 원리로 고려왕조가 붕괴한 것을 목격한 조선왕조에서는 양인의 수를 늘리고자 노비제도를 개혁했다. 조선왕조는 기존의 천자수모법에 종부법을 결합하는 절충안을 채택했다. 이것이 이른바 종모법이란 것이었다. 이 제도는 천자수모법을 바탕으로 하면서 여기에 종부법을 결합시킨 형태였다. 그러므로 종모법과 종부법은 상호 대립적인 관계가 아니었다. 전자가 후자를 포괄하는 관계였던 것이다. 이런 절충안이 나온 때는 태종 14년 6월 27일(1414. 7. 13.)이었다.

이날 나온 조치는 '공·사 노비가 양인 남편에게 시집가서 낳은 소생은 모두 아버지를 따라 양인으로 삼는다'는 것이었다. 노비 자녀의 신분은 어머니의 신분을 따르도록 하되, 아버지가 양인인 경우에만 아버지의 신분을 따르도록 한 것이었다. 노비 자녀의 신분은 원칙상 천자수모법에 의거하도록 하되, 아버지가 양인인 경우에만 종부법에 의거하도록 한 것이다. 아버지가 노비인 경우에는 천자수모법에 따랐다.

하지만 여기에는 조건이 있었다. 노비 여자와 양인 남자의 자녀, 즉 얼자가 종부법에 따라 양인 신분을 받으려면 보충군에서 복무해야 했다. 보충군은 오늘날로 치면 방위병이나 공익근무요원에 해당했다. 보충군의 주된 역할은 관청에서 심부름을 하는 것이었다. 태종은 고려 말에 설치된 적이 있는 보충군을 태종 15년 3월 8일(1415. 4. 17.) 새로 설치하면서 얼자들을 여기에 소속시켰다. 보충군 복무는 얼자들에게는 면천의 통과의례였던 것이다.

  초기에는 서민층 얼자든지 특권층 얼자든지 똑같이 보충군을 거쳐 양인이 될 수 있는 기회가 있었다. 하지만 이런 평등이 세종 때부터는 사라졌다. 세종 14년 3월 26일(1432. 4. 26.)에는 아버지가 관료·생원·과거합격자 등인 경우에만 원칙상 혜택을 누릴 수 있도록 했다. 어떤 서적들에서는 양반의 아들만 혜택을 누릴 수 있었다고 기술하고 있지만, '양반'의 아들이 아니라 '관료'의 아들이다. 양반은 관습적 개념이고 관료는 법제적 개념이었으므로, 이 둘을 착각해서는 안 된다. 당시 이런 법령을 통과시킨 데는 두 가지 이유가 있었다. 하나는 양인의 숫자가 너무 많아졌기 때문이며 또 하나는 형평성 때문이었다. 남자 노비와 여자 양인의 혼인은 금지하면서, 여자 노비와 남자 양인의 혼인은 인정하고 그들 사이에서 생긴 자녀를 양인으로 만드는 것은 형평성에 맞지 않는 일이라고 보았던 것이다. 이렇게 1432년부터는 원칙상 관료 등의 얼자에게만 양인 신분을 인정했지만 예외 조항도 있었다. 일반인이 마흔 살을 넘어 자녀를 낳은 경우에는 그 자녀도 혜택을 누릴 수 있도록 했다. 가문이 끊어지지 않도록 배려해준 것이다.

  세조 5년 8월 29일(1459. 9. 25.)에는 혜택의 범위를 축소시켰다. 관료·생원·과거합격자 등의 얼자에게는 동일한 혜택을 주되, 일반인의 얼자에 대해서는 혜택의 범위를 줄였다. 종전에는 일반인이 마흔 살 이후에 낳은 자녀도 혜택을 누릴 수 있도록 했지만, 이때부터는 이 부분에 제약을 두었다. 마흔 살을 넘어서 낳은 자녀 가운데 제사를 승계할 아들에게만 양인이 될 기회를 주었다. 그동안 양인의 숫자가 많이 불어났기 때문이다.

여자 노비와 남자 양인 사이에서 태어난 자녀들을 어느 정도까지 양인으로 인정할 것인가 하는 문제는 그 후에도 계속 논의되었다. 양인의 숫자가 너무 많아졌다 싶으면 그 범위를 다시 제한하고, 노비의 숫자가 너무 많아졌다 싶으면 그 범위를 다시 확대했다. 노동력 수급 사정에 따라 종부법의 혜택 범위가 조정되었던 것이다.

이처럼 여자 노비와 남자 양인을 부모로 둔 자녀는 국가의 노동력 사정에 따라 노비가 될 수도 있고 양인이 될 수도 있었다. 그러나 여자 노비와 남자 노비의 자녀는 종모법의 적용을 받았기 때문에 이런 혜택을 누릴 수 없었다. 여자 양인과 남자 노비의 혼인은 국가에서 금했으니 그들의 자녀는 법적으로는 존재할 수 없었다. 그런 이유로 이들은 논의 대상에서 아예 제외되었다. 아버지가 관료였던 홍길동 같은 얼자들은 그 자신은 무척 불행했을지 몰라도, 일반적인 노비 자녀들이 보기에는 부러움의 대상이었다. 보충군 근무만 무사히 마치면 양인 신분을 얻을 수 있었기 때문이다.

그럼, 보충군에서 얼마나 근무해야 양인 신분을 얻을 수 있었을까? 보충군 설치 당시의 복무기한은 사료에서 확인하지 못했다. 보충군의 복무기한이 명시된 때는 세종 31년 4월 14일(1449. 5. 5.)이었다. 세종이 죽기 1년 전이다. 이 날짜 《세종실록》에서는 보충군의 복무연한이 10년으로 확정된다고 했다. 이것은 10년간 하루도 빠짐없이 근무해야 한다는 뜻은 아니었다. 《문종실록》에서는 해마다 윤번제로 근무했으며 근무일은 최고 70일 정도라 했으니[48] 계산해보면 복무연한 10년 동안 근무 일수는 많으면 700일이 된다. 하지만 1년에 70일은 결코 적은 날이 아니었다. 평균 5일 중 하루를 복무해야 했으니, 생계에 허덕이는 서민들은 근무 일수를 채우기가 만만치 않았을 것이다. 결국 부유층 얼자들만 보충군 복무를 끝내기가 쉬웠다고 봐야 한다.

복무연한을 10년으로 명시한 이 규정은 문종 즉위년 12월 6일(1451. 1. 8.) 개정되었다. 근무 일수가 1,000일이 되면 '제대'를 시켜준 것이다. 근무 일수를 빨리 채우는 사람은 빨리 제대할 수 있게 되었다는 점에서는 '개선'이었다. 하지만 근무 일수가 종전의 700일에 비해 1,000일로 늘어났다는 점에서는 '개악'이었다. 당사자들로서는 이 역시 이만저만한 부담이 아니었을 것이다. 하지만 모든 사람이 다 1,000일을 채워야 했던 것은 아니다. 아버지가 관료인 경우에는 관품에 따라 300일이나 500일만 근무할 수 있도록 혜택을 주었다. 그 외의 얼자들은 1,000일을 다 채워야 했으니, 그들 입장에서는 10년 700일 규정보다 훨씬 더 힘들었을 것이다. 어쩌면 1,000일을 다 채우려면 10년보다 훨씬 더 많은 세월이 소요되었을지도 모른다. 보충군을 통한 면천은 웬만한 사람들에게는 요원한 꿈이었다고 볼 수 있다.

재상을 꿈꾼
천첩의 자식, 목인해
노비의 면천과 신분 상승

인생 역전을 위한 마지막 승부수

일제강점기와 대한민국의 과도기인 해방 공간, 이 공간에서 활약한 기회주의자의 전형을 보여준 《꺼삐딴 리》의 이인국 박사. 전광용이 지은 이 소설에서 외과의사로 등장하는 그는 일제 때는 친일을 했다가 해방 뒤에는 재빨리 소련에 빌붙었다. 그는 1·4 후퇴 때 남하한 뒤에는 상전을 미국으로 바꾸는 기회주의적 행보를 보였다. 이인국은 뛰어난 의술을 무기로 각 시기의 주류들과 재빨리 제휴하는 신속함을 보여주었다. 이 과정에서 그가 추구한 것은 오로지 출세와 영날이었다. 영어의 '캡틴'에 해당하는 러시아어 '까삐딴'이 와전된 '꺼삐딴'은 이인국의 인생 목표를 함축하고 있다. 그는 오로지 '캡틴'의 자리만을 꿈꾸었던 것이다.

  소설 속 이인국과 유사한 실존 인물이 있었다. 고려와 조선의 교체기에 활동한 목인해睦仁海(?~1408)가 그 주인공이다. 목인해는 노비 출신이었다. 《태종실록》에서는 "목인해는 사망한 재상 목신우睦臣祐의 기첩 자식이었다"[49]고 했고 "목인해는 김해 관노"[50]였다고 했다. 이런 자료들을 종합할 때, 목인해는 고려 때의 재상 목신우가 김해 관기와의 사이에서 낳은 아이임을 알 수 있다. 어머니의 혈통을 따라 관노가 되었던 것이다. 고려 때만 해도 천자수모법이 시행되었기 때문이다. 그런데 일부 백과사전에는 목인해가 고려 우왕의 아들이라고 적혀 있다. 왜 그렇게 적혀 있는지는 좀더 정확히 확인해볼 필요가 있다. 여기서 중요한 것은 목인해가 관노 출신이었다는 사실이다.

아버지의 지위가 높았다고는 하지만, 목인해는 어디까지나 노비였다. 고위층의 자식이라 해서 무조건 그에 걸맞은 대우를 받을 수 있었던 것은 아니다. 적어도 아버지를 상대로 호부呼父 정도는 할 수 있어야 재상의 자식이라 할 수 있었다. 목인해는 그런 형편이 아니었던 모양이다. 그는 자신의 아버지의 지위를 잊고 노비 신분에서부터 시작해야 했다. 이 점에서 그는 아주 경이로운 시도를 했다. 노비였던 그가 아버지의 지위에까지 오르려 했던 것이다. 그것도 자기 자신의 힘으로 말이다. 가장 낮은 곳에서 가장 높은 곳으로 올라가고자 한 그의 일생은 출세지향형 인물이 보여줄 수 있는 모든 것을 다 보여주었다.

'꺼삐딴 리' 이인국의 출세 비결은 의술이었다. 아무리 약고 영리해도, 뚜렷한 능력이 없으면 격변기에 살아남기 힘든 법이다. 목인해에게는 그런 뚜렷한 능력이 있었다. 그것은 활쏘기 기술이었다. 사극을 보면 검술이 무사의 기본이었던 것 같지만, 한국에서는 그렇지 않았다. 조선시대까지도 조선군의 주력 무기는 활이었다. 심지어는 조선 전기의 기병들조차도 창보다는 활을 더 많이 썼을 정도였다. 정규 기병 중에서 활을 쓰는 병사는 60퍼센트, 창을 쓰는 병사는 40퍼센트였다.[51] 무과 시험에서도 활쏘기가 가장 중요한 과목이었다. 무예를 경시한 선비들도 활쏘기만큼은 중시했다. 그렇기 때문에 활을 잘 쏜다는 것은 중요한 출세 도구가 될 수도 있었다. 목인해는 애꾸눈이었는데도 활을 잘 쏘았다. 그런 그를 처음 발탁한 것은 이성계의 사위이자 경순공주慶順公主의 남편인 이제李濟였다. 경순공주는 이방원의 이복동생인 의안대군宜安大君 이방석李芳碩의 누나였다. 그 뒤, 목인해는 이방원 수하가 되었다. 이 시기에 이방원의 도움으로 노비 신분에서 벗어난 것으로 보인다. 이방원의 도움으로 중앙군 장교인 호군護軍이 된 사실로 보아 그렇게 판단할 수 있다.

그런데 엉뚱하게도, 목인해는 제1차 왕자의 난 때 '반역자' 명단

활쏘기 연습장 | 애꾸눈 목인해의 출세 비결은 탁월한 활쏘기 능력이었다. 사진은 수원 화성의 창룡문 옆에 있는 활쏘기 연습장이다. 경기도 수원시 팔달구 소재.

에 이름을 올렸다. 승자 이방원의 반대편인 패자 정도전의 사람으로 분류됐던 것이다. 제1차 왕자의 난을 묘사한 태조 7년 8월 26일자(1398. 10. 6.) 《태조실록》에서는 "목인해, 박미, 이천우는 청해수군靑海水軍으로 충군充軍하며"라는 내용이 적혀 있다. 청해는 동북면(함경도)의 지명이다. 수군은 신분은 양인이지만 직업은 천인인 신량역천身良役賤의 일종이었다. 수군이 아닌 자가 수군이 되었다는 것은 죄인으로 전락했다는 뜻이다. 이는 목인해가 정도전 편에 섰음을 뜻하는 것이다. 왕자의 난 직전만 해도 정도전의 세력이 훨씬 더 강력했으니 출세를 위해 주군인 이방원을 등졌던 모양이다. 중앙에 입성하는 데 성공한 그는 이 때문에 함경도로 쫓겨나고 말았다.

평양에 입성한 소련군에 붙들려 친일 혐의로 투옥된 이인국은 살아남기 위해 필사적으로 꿈틀댔다. 그는 감옥 안에 퍼진 전염병을 치료하고 소련군 장교 스텐코프의 얼굴에 난 혹을 제거했다. 죽음의 문턱에서 의술이 그를 살린 것이다.

목인해도 살아났다. 수군으로 쫓겨난 지 얼마 후에 그는 이방원의 곁으로 되돌아갔다. 이를 계기로 정종 2년(1400) 제2차 왕자의 난 때는 승자의 편에 설 수 있었다. 사병이 권력자의 무력 기반이었던 당시의 상황에서, 목인해는 뛰어난 궁술을 바탕으로 재기에 성공할 수 있었다.

프로이트는 《정신 분석 입문》에서 결혼식 시각을 깜빡 잊고 교회 대신 실험실로 직행한 어느 유명한 화학자의 사례를 소개했다. 이 때문에 결혼식은 엉망이 되었고, 결국 그는 평생 독신으로 살다 죽었다. 프로이트는 결혼식을 망각한 사건이 평생 독신으로 살게 될 운명의 전조前兆였다고 해석했다. 독신(A)을 희망하는 내면 심리가 '결혼식 깜빡'(B)이란 사건으로 나타났으니, B를 통해 A의 조짐을 볼 수 있었다는 뜻이다. 마찬가지로, 한번 주인을 배반한 목인해의 행동을 또 다른 일의 전조로 볼 수 있다는 이야기가 잠시 후 소개될 것이다.

 1·4 후퇴 때 남하한 이인국은 이번에는 친미파로 변신했다. 북한에 있을 때는 아들에게 러시아어를 열심히 배우라고 채근하던 그였다. 그런 그가 남한에 와서는 딸을 미국으로 유학 보냈다. 그는 자기도 미국에 다녀와야겠다고 판단했다. 미국 연수를 다녀와 국내 의료계에서 큰소리를 쳐보자고 결심한 그는 미국 대사관의 브라운에게 고려청자를 선물하고 출국의 편의를 봐줄 것을 부탁했다. 이인국이 브라운의 집에서 나온 뒤 자신의 처세술에 스스로 만족하며 항공편을 알아보러 택시에 탑승하는 장면과 함께 《꺼삐딴 리》는 끝난다.

 소설 마지막 대목에서 이인국이 미국 진출을 시도했듯이, 목인해 역시 인생 역전을 위한 마지막 승부수를 가다듬었다. 그것은 태종 이방원의 사위인 평양군平壤君 조대림趙大臨을 끌어들여 쿠데타를 도모하는 것이었다. 목인해가 조대림을 끌어들인 배경은 그가 태종 8년 11월 10일(1408. 11. 17.)부터 삼군도총제부三軍都摠制府 소속의 좌군도총제를 겸직했기 때문이다. 삼군도총제부는 오늘날로 치면 합동참모본부에 해당하고, 좌군도총제란 삼군의 하나인 좌군의 감독자에 해당한다. 세 명이 좌군도총제를 겸했기 때문에 조대림 혼자 모든 권한을 행사할 수 없었지만, 그래도 군부 내에서 상당한 발언

권을 행사할 수 있었기에 조대림을 끌어들인 것이다. 조대림은 목인해가 역모를 도모하고 있는지는 몰랐던 것으로 보인다. 그런데 상황이 여의치 않았다고 판단했는지, 목인해는 도리어 조대림을 역모 혐의로 고발했다. 동시에, 그는 비상 상황이라 속여 조대림으로 하여금 군사들을 인솔하고 출동하도록 만들었다. 이때가 태종 8년 12월 5일(1408. 12. 21.)이었다.

미국 연수를 위한 편의를 얻고자 브라운을 찾아가기 직전, 이인국은 병원에서 큰 수술 하나를 끝냈다. 아직 혼수상태에서 깨어나지 못한 환자를 두고 나오면서 이인국은 왠지 불안했다. '오늘은 웬일인지 뒷맛이 꺼림칙하다'고 그는 생각했다. 자칫 잘못하면, 그동안 쌓은 명성을 일거에 무너뜨릴 수도 있는 일이었다. 브라운을 만나는 동안에도 그는 그런 꺼림칙함에서 벗어나지 못했다. 이것으로써, 소설가 전광용은 이인국의 운명이 밝지 않으며 그가 무너질 수도 있다는 점을 암시했다.

목인해의 운명은 '무너질 수도 있다'는 암시만 받은 게 아니라 실제로 철저히 무너졌다. 조대림이 반역 혐의로 체포됐지만 사건의 진상은 곧 밝혀졌다. 목인해가 아무것도 모르는 조대림을 꼬였다는 사실이 밝혀진 것이다. 사실, 조대림은 스물두 살밖에 안 된데다가 큰일을 벌일 만한 인물도 아니었다. 태종은 격노했고 사건을 주도한 목인해는 능지처참을 당했다. 조대림은 어찌 됐든 반역에 연루됐기 때문에 처벌을 받아야 마땅했지만 태종은 사위에 대해서만큼은 관용을 보였다. 조대림이 목인해의 꾐에 넘어갔다는 점만 부각시킨 것이다. 태종의 신뢰를 받는 맹사성 등이 관용 없는 철저한 수사를 촉구했지만, 태종은 맹사성을 귀양 보내면서까지 사위를 살렸다. 목인해가 즉각 처형된 것도 조대림에게 혐의가 확산되는 것을 방지하고자 한 태종의 의지 때문이다. 제일 밑바닥에서 제일 위를 추구했던 목인해의 마지막 승부수는 그렇게 허무하게 막을 내렸다.

면천, 그리고 노비들의 신분 상승

노비가 신분 상승의 열망을 이루기 위해서는 우선 천인이라는 신분에서 벗어나야 했다. 즉 면천이 필요했다. 그렇다면 면천을 받은 노비는 행복했을까? 법적인 면에서 보면, 면천은 분명히 축복이었다. 하지만 실질적 측면을 고려할 때, 면천된다는 것은 어쩌면 직장을 잃는 것일 수도 있었다. 면천은 오늘날로 말하면 일종의 명예퇴직 같은 것이었다. 물론 부유층 양반가의 얼자가 면천이 되는 것은 또 다른 문제였다. 이들의 경우에는 어차피 생계가 보장되어 있으므로, 면천은 곧 사회적 지위의 상승을 의미하기도 했다. 하지만 생계가 보장되지 않은 일반인들은 달랐다. 이들은 면천이 되면 스스로 생계를 책임져야만 했다. 생계를 유지할 수 있는 아무런 대책도 없는 상태에서 면천이 된다면, 그것이야말로 오히려 재앙이었다. 그러므로 면천이 노비에게 항상 축복이 되었으리라고 생각해서는 안 된다.

　면천이 실질적인 행복이 되려면, 당사자인 노비가 먹고사는 데에 문제가 없어야 했다. 상당한 재산을 축적한 노비에게 노비라는 굴레를 벗는 면천은 당연히 반가운 일이었다. 이런 경우의 면천은 일종의 사후 추인과 같은 것이었다. 이미 양인보다 나은 경제력을 소유한 노비에게 양인의 지위를 인정해주는 것이었기 때문이다. 그러므로 면천을 받으려면, 그 전에 이미 양인과 다름없는 사회적 지위를 갖고 있어야 했다고 보아야 한다.

사극에서는 노비의 노력이나 노비주의 시혜가 면천으로 이어진 것처럼 묘사하는 경향이 있지만 면천은 주로 국가의 정책적 차원에서 시행됐다. 국가가 비상사태, 재정 부족, 자연재해, 기근 등을 타개해야 할 경우에 면천 문제가 대두된 것이다. 이런 경우에 국가는 돈을 받고 면천을 시행하는 예가 많았다. 납속納粟, 즉 곡식 헌납은 이런 경우에 해당하는 것이었다.

이에 관한 적절한 사례를 《선조실록》[52]에서 확인할 수 있다. 임진왜란 초기에 명나라군은 보급 문제로 큰 곤란을 겪었다. 이 문제는 조선 조정에도 당연한 고민거리였다. 그래서 조선 정부는 노비들에게까지 손을 벌리기로 했다. 곡식을 헌납하면 면천을 시켜주겠다고 약속한 것이다. 이 조치는 처음에는 공노비들에게만 한정됐다. 하지만 이들의 납속만으로는 보급 문제를 해결할 수 없어서 결국 사노비들에게까지 범위를 확장했다. 임진왜란 발발 1년째인 선조 26년 2월 13일(1593. 3. 15.)이었다. 이런 식으로 국가는 재정적 곤란에 직면할 때마다 노비들에게 재화를 걸고 그들을 면천했다.

하지만 사노비에게까지 국가가 면천을 시행하는 것에는 당연히 노비주의 반발이 발생했다. 자기 노비가 납속에 응하는 것을 방해하는 주인들도 적지 않았다. 《명종실록》[53]에 따르면 왜구 문제로 골치를 썩이던 명종시대에, 정부에서는 군공을 세우는 노비에게 면천의 특혜를 제공하겠다고 보증했다. 그러자 자기 노비의 재산을 몰수하고 사적인 형벌을 가하는 노비주들이 많았다. 그들은 노비가 주인을 배반했기에 정당한 대응을 했을 뿐이라는 논리를 내세웠다. 그러자 조정은 대응책을 강구했다. 사헌부에서는 그런 노비주들을 처벌하는 것만으로는 문제를 해결할 수 없으니 그들에게 보상을 해야 한다고 건의하기도 했다. 이처럼 정부에서 노비주들의 피해를 고려한 적도 있지만, 많은 경우에는 노비주들의 이해관계를 무시하고 면천을 시행하곤 했다. 그만큼 다급한 경우가 많았기 때문이다.

면천을 약속한 국가가 약속을 이행하지 않은 사례도 제법 많이 확인할 수 있다. 면천을 전제로 노비들의 도움을 받은 뒤에 일이 끝나면 나 몰라라 했던 것이다. 그런 사례 중 하나로 '인조 쿠데타' 직후의 상황을 들 수 있다. 쿠데타가 발생한 지 4개월여 뒤인 인조 1년 7월 17일(1623. 8. 12.)이었다. 이날 인조는 광해군 때에 면천된 공노비가 너무 많다면서, 이들의 면천을 취소하고 대신 일정 기간 이들의 의무를 면제해주라고 지시했다.

정치적 목적의 면천도 수시로 단행되었다. 이런 면천은 주로 정변을 계기로 단행되었다. 정변의 승자 쪽이 자신들에게 가담한 노비들을 대거 면천시키곤 했던 것이다. 《성종실록》[54]에는 성종이 자신의 즉위에 기여한 노비들을 면천시키는 장면이 나온다. 《세조실록》[55]에 따르면, 이시애李施愛의 반란이 진행되는 동안에 조정에서는 진압에 참가한 노비들을 면천시키겠다고 선포했다. 그 결과 무려 1,200여 명의 노비가 반란 진압 후 면천되었다. 이 외의 정변들에서도 노비 출신 공신들이 대거 탄생했다. 이렇게 면천이 될 경우 전답과 노비까지 받을 수 있었으므로, 신분 상승을 희망하는 노비들한테는 이보다 더 좋은 기회도 없었다.

물론 노비주가 개인적 이유로 노비를 면천시킨 경우도 있었다. 조선시대 사례는 아니지만, 노비들을 과감하게 면천시킨 사례로 신라 사다함斯多숨의 예를 들 수 있다. 《삼국사기三國史記》〈사다함 열전〉에 따르면, 사다함은 562년에 대가야를 멸망시킨 공로로 진흥왕으로부터 300명의 노비를 받았다. 이 300명은 가야 유민들이었다. 사다함은 이들을 수용한 뒤에 모두 풀어주었다.

사다함의 사례는 노비주가 자발적으로 은혜를 베푼 경우에 해당하지만, 이와 달리 노비가 주인에게 은혜를 베푼 결과로 면천이 이루어진 사례도 있다. 《어우야담》에 있는 무사 권가술權可述의 이야기가 그런 예에 해당한다. 권가술은 수석水石이란 노비와 함께 대형 선박에 탑승했다. 이 배에는 100여 명이 탑승했다. 그런데 바람을 만나 방향을 잃은 선박이 바위에 부딪혀 부서지는 사고가 발생했다. 다른 승객들은 모두 익사했고, 권가술과 수석만이 판자 하나에 의지에 겨우 살아났다. 그런데 판자가 좁아서 두 사람이 동시에 올라타 있기가 어려웠다. 바람이 좀더 심하게 불자, 수석은 권가술에게 하직을 고하고는 물에 뛰어들었다. 혼자 남은 권가술은 판자에 의지하여 목숨을 건졌다. 이 사실이 알려지자, 조정에서는 수석의 부인을 면천시켜 주었다. 수석의 희생이 부인의 면천으로 연결된 것이다. 국가가 면천을 주도적으로 추진한 것을 볼 때, 수석은 사노비인 데 비해 부인은 공노비였을 가능성이 있다.

면천은 또 다른 방식으로도 이루어졌다. 공문서 조작의 방법으로도 많이 이루어졌다. 이로 인한 대형 사건이 《세조실록》[56]에 기록되어 있다. 형조 서리인 진구陳球가 뇌물을 받고 노비의 신분을 양인으로 위조해주다가 발각된 것이다. 노비의 신분 위조를 포함해서 그가 벌인 공문서 조작이 수백 건이나 된다고 한 것으로 보아, 이런 범죄행위가 많이 발생했음을 알 수 있다. 앞에서 소개했듯이, 남명 조식이 서리들에게 분노한 것은 바로 이 때문이다. 국가행정을 실질적으로 이끄는 사람들이 부정부패를 상습적으로 저지르는 사례가 많았기 때문이다.

면천을 통해 신분 상승을 추구하는 노비들은 기본적으로 조선의 노비제도를 부정하지 않는 사람들이었다. 이들과는 다른 방식으로 신분 상승을 추구한 사람들의 이야기가 다음 장에서 이어질 것이다.

추노꾼을 고발한 도망노비들
노비의 저항

현상금에 눈이 먼 노비들

게장 백반의 묘미는, 게 껍질에 밥을 비벼 먹는 데 있다. 딸려 나오는 각종 반찬보다도 게 껍질과 밥과 장이 함께 만들어내는 묘미가 훨씬 더 감미롭다. 그런데 게장 백반을 먹은 뒤 피해야 할 디저트가 있다. 가을철 과일인 감만큼은 꼭 피해야 한다. 명나라 이시진李時珍이 지은 약학 서적인 《본초강목本草綱目》에서는 "게를 감과 함께 먹으면 복통이 나고 설사를 한다"고 했다. 게와 감은 상극이므로 둘을 함께 섭취하는 것은 금물이라는 얘기다.

이시진이 《본초강목》을 집필한 시점은 16세기다. 그래서 18세기 초반의 조선 사람들은 이런 지식을 어느 정도 알고 있었다. 이 점은 《영조실록》에 실린 대화에서도 나타난다. 그런데 경종(장희빈의 아들) 4년 8월 20일(1724. 9. 26.), 창덕궁에서 어처구니없는 사건이 발생했다. 제20대 경종에게 바쳐진 수라상에 게장이 있었고 디저트로 생감이 놓인 것이다. 그날 밤부터 가슴과 배의 통증을 호소하며 자리에 누운 경종은 결국 5일 만에 세상을 떠났다. 평소에도 건강이 좋지 않았지만 서른일곱 살의 젊은 군주가 그렇게 죽었으니, 당시 사람들이 얼마나 충격을 받았을지 짐작할 수 있다.

문제의 게장은 창덕궁 소주방(왕궁 주방)에서 만든 것이 아니었다. 경종의 라이벌이자 후계자인 연잉군(훗날의 영조)의 사저에서 보낸 음식이었다. 경종과 연잉군의 관계는 외형상으로는 그리 나쁘지 않았다. 하지만 두 사람은 여러 가지로 긴장관계를 갖고 있었다.

경종의 어머니인 장희빈張禧嬪과 연잉군의 어머니인 최숙빈崔淑嬪은 원수지간이었다. 장희빈과 최숙빈은 똑같은 궁녀 출신이었다. 그런데 중전이 된 장희빈은 궁녀 최씨가 숙종의 관심을 끌자 최씨를 죽이려 한 적이 있다. 이에 대한 보복으로 최씨는 확인되지도 않은 장희빈의 비위를 숙종에게 보고하여, 장희빈을 중전에서 끌어내린 데 이어 장희빈이 사약까지 마시도록 만들었다. 어머니끼리 원수지간이었으므로, 경종과 연잉군이 겉으로는 좋았을지라도 속으로는 상당히 불편한 사이였으리라는 점을 알 수 있다.

경종과 연잉군은 정치적 기반도 달랐다. 당시 중앙 정계는 서인당의 분파인 노론과 소론이 격렬하게 정치 투쟁을 벌이고 있었는데 경종과 연잉군은 각각 소론과 노론의 지지를 받았다. 이런 상황에서 연잉군이 보낸 음식을 먹고 경종이 죽고 그 뒤를 이어 연잉군이 즉위했다(1724). 그래서 당시 민간에서는 연잉군이 경종을 독살했을 것이란 의혹이 크게 번졌다. 영조 때 편찬된 《경종대왕 행장》[57]에서도 알 수 있듯이 경종은 이미 세자 시절부터 국민적 존경을 받았다. 그렇기 때문에 백성들은 경종의 사망에 의혹의 시선을 보냈으며 영조를 그 배후로 의심했다.

1728년에 발생한 이인좌李麟佐의 난의 배경에는 이와 같은 경종에 대한 동정심과 영조에 대한 의구심도 포함되어 있었다. 소론이 주도하는 이인좌의 반군은 청주성을 함락하고 한성으로 진격하다가 안성·죽산에서 정부군에 의해 격파되었다. 이때 반군은 경종의 상여를 앞세우고 있었다. 그만큼 경종은 국민적 존경을 받았고, 그런 분위기를 배경으로 이인좌가 반란을 일으켰던 것이다.

이때 반군 안에 황진기黃鎭紀란 인물이 있었다. 지도부 중에서 이인좌나 박현필 등은 체포되어 처형되었지만, 황진기는 끝까지 살아남아 '도망자 황진기'의 명성을 날렸다. 조정에서는 그가 국경을 넘어 청나라로 망명했을 것으로 판단했다. 이런 상태에서 황진기의 망령이 조선 조정을 계속 괴롭혔다. 반란이 진압된 지 5년 뒤인 1733년에는 황진기의 여노비가 비정규직 궁녀인 방자가 되어 궁 안에 숨어 있다가 발각되었다. 대역죄인의 노비가 궁 안에 있었으니 조정이 발칵 뒤집혔다.[58] 한번은, 삼을 캐기 위해 국경을 넘어 청나라 영역에 잠입하다 붙들린 범죄자가 황진기 핑계를 댄 사례도 있었다. 《영조실록》[59]에 따르면 함경도민 신준정은 "왜 국경을 넘었느냐?"란 질문에 대해 "역적 황진기를 뒤쫓다 이렇게 됐습니다"라고 둘러댔다. 이때는 이미 이인좌의 반란이 진압된 지 19년 뒤인 1747년이었다. 이 정도로, 도망자 황진기의 명성은 몇 십 년이 지나도록 사그라지지 않았다.

황진기의 명성이 한창이던 시절, 한성에 사는 홍씨라는 과부가 사위 세 명을 불러들였다. 앞에서, 노비 1,000명을 거느린 한성 과부의 이야기를 한 적이 있다. 안성·이천·예천 등지에 이 집안의 노비들이 살았고, 남편이 죽은 뒤부터 관리가 해이해져 노비들이 세공을 제대로 내지 않았다는 이야기를 했다. 이로 인해 발생한 에피소드가 있다. 《어수신화》에 따르면, 홍씨의 사위들은 저마다 특기가 있었다. 한 사위는 머리가 영리하고, 또 다른 사위는 힘이 장사고, 또 다른 한 사위는 문장이 좋았다. 홍씨는 그들에게 예천에 가서 숨은 노비들을 찾아내 공물을 받아오라고 지시했다. 사위들에게 추노꾼의 역할을 맡긴 것이다. 하지만 숨은 노비들을 수소문하던 홍씨의 사위들은 예천에서 노비들에게 붙잡히는 신세가 되었다. 노비들의 행적을 수소문하던 그들의 움직임이 숨어 있던 노비들에 의해 포착된 것이다. 주인과의 관계를 끊고 숨어 살던 노비들은 사위들에게 접근했다. 그리고 그들을 깊은 산속으로 유인했다. 도망 노비들이 숨어 있는 곳을 알려주겠다며 접근한 듯하다. 노비들은 산속에 들어가자마자 본색을 드러냈다. 곧바로 사위들을 결박하고 산속에 있는 그들의 집으로 끌고 갔다. 인질들을 대들보에 매단 노비들은 칼을 갈며 살해를 준비했다. 세 인질은 하얗게 질렸다.

바로 이때, 글에 능한 사위가 이상한 행동을 했다. 갑작스레 너털웃음을 지은 것이다. 나머지 둘은 "지금 우리 목숨이 경각에 달렸는데, 웃음이 나와?"라고 쏘아붙였다. 그러자 글에 능한 이는 "제가 처음에는 어떻게든 살아볼 심산으로 과부 사위 행세를 하며 종적을 감췄습니다만, 결국 죽음을 면치 못하게 됐습니다. 이 어찌 운명이 아니겠어요? 그래서 웃는 겁니다"라고 답했다. 머리가 영리한 사위는 "죽는 거야 어떻게 죽든 매일반이지만, 우리가 형벌을 면하고 처자식의 연좌를 면한 것만도 다행 아닌가?"라고 대꾸했다. 만약 관청에 잡혔으면 가족들까지 연좌제에 걸렸을 것이니 차라리 이렇게 죽는 게 낫다는 말이었다.

노비들은 이상한 생각이 들었다. 그래서 당신들 뭐하는 사람들이냐고 물어보았다. 그러자 영리한 사위가 글에 능한 사위를 가리키며 "저 자는 바로 망명죄인 황진기"라고 말했다. 자신들은 황진기와 함께 연루된 사람들이라고 덧붙였다. 노비들은 잠시 밖으로 나가 자기들끼리 의논했다. 정말로 황진기라면 죽이기보다는 차라리 고발하는 게 더 낫다는 결론이 도출됐다. 포상금 욕심이 났던 것이다. 잠시 뒤, 건장한 노비 몇 명이 '황진기 일당'을 끌고 관청을 향했다. 뒤늦게 산속의 집에 도착한 또 다른 도망노비가 이 사실을 알고 펄쩍 뛰며 "이러다 우리 신분만 들통 나겠다"며 사람들을 보내 황진기 일당을 도로 데려오도록 했다. 뒤쫓아 간 노비들은 관청 앞에 가서야 동료 노비들과 황진기 일당을 발견했다. 이때, 힘이 장사인 사위가 몸을 뒤틀고 용을 쓰더니 결박을 풀고 노비들을 공격했다. 갑작스런 상황에 당황한 노비들은 모두 도주했다.

세 사위는 관아에 들어갔다. 글 잘하는 사위가 자신들이 한성에서 내려오게 된 사연과 황진기 행세를 하게 된 사연을 소상히 적어서 사또에게 바쳤다. 그러자 사또는 신분을 숨기고 살던 노비 일당을 즉각 체포했고 주동자들을 사형에 처했다. 나머지 노비들에게는 밀린 세공을 지급할 것을 명령했다. 도망노비들을 찾으러 경상도까지 갔다가 하마터면 칼 맞아 죽을 뻔한 홍씨의 사위들은, 이처럼 황진기의 명성을 빌려 노비들을 추쇄推刷하고 밀린 세공까지 받아낼 수 있었다. 감독 시스템의 이완을 틈타 공물을 제대로 바치지 않고 오히려 주인인 홍씨의 땅을 가로채려 했던 예천 노비들로서는 상당히 충격적인 사건이었을 것이다.

저항을 택한 노비들

노동력을 제공하는 생산자가 토지 같은 생산수단을 소유하는 세상이 되지 않는 한, 생산자의 저항은 소멸되지 않을 것이다. 생산자가 생산수단을 소유하지 않는다는 것은 생산자가 아닌 자가 생산수단을 소유한다는 의미며, 이것은 생산자가 아닌 자가 생산자를 착취한다는 말이 된다. 양자 간의 불합리한 관계는 앞으로도 계속 개선되겠지만, 갈등이 완전히 치유되지는 않을 것이다. 노비와 주인의 관계 역시 그러했다. 노비들도 실제로는 생산자이면서도 생산수단을 소유하지 못했다. 그래서 그들은 자신들이 겪는 피착취에 부조리를 느낄 수밖에 없었고, 그래서 주인들에게 저항하지 않을 수 없었다.

노비의 저항은 여러 가지 형태를 띠었다. 그중 하나는 도망이었다. 논리적으로 볼 때, 도망은 두 가지로 나뉜다. 현재의 거주지를 이탈하는 것이 있고, 멀리 떨어져 있는 주인과의 연락을 단절하는 것이 있다. 주인과의 커뮤니케이션을 끊음으로써 노비의 의무로부터 벗어나고자 한다는 점에서 두 가지는 공통점을 갖고 있다.

이런 형태의 저항은 임진왜란과 병자호란을 계기로 급증했다. 대규모 전란과 함께 사회 시스템이 이완되면서 노비의 도망이 급증했던 것이다. 그러나 단순히 세상이 시끄러워져서 노비의 도망이 급증했다고만은 볼 수 없다. 주인의 농토를 경작하는 외거노비의 경우에는, 전란으로 토지가 피폐해진 데다가 주인의 착취까지 가중될 경우에 도망이란 저항 형태를 선택하기가 쉬웠다. 현재의 거주지에 살면서 노비의 의무를 이행하는 것이 힘들어질 경우에 이런 저항 형태가 급증했던 것이다. 양대 전란을 계기로 급증한 노비의 도망은 18세기가 되면서 거의 보편적인 현상으로 나타났다. 도망 노비들을 주변에서 발견하는 것은 그리 어렵지 않은 일이었다. 노비의 도망이 흔한 일이 되었다는 것은, 노비 이외의 방법으로도 먹고 살 길이 많았음을 의미한다. 도시에서 상업 활동을 할 수 있는 기회가 늘어나거나, 임금을 받고 농사일을 할 기회가 많아졌을 수도 있다. 그런 대안이 없었다면, 아무리 현실이 힘들더라도 쉽사리 현실로부터 도피하지는 못했을 것이다.

오늘날 한국 사회의 주요 문제 중 하나인 불법체류자 문제를 생각해보자. 법무부에서 발행한 〈출입국·외국인정책 통계월보 2012년 1월호〉에 따르면, 2002년에 308,165명이었던 불법체류자 숫자는 그동안 계속 감소해서 2012년 1월 현재 169,260명이 되었다. 우리는 불법체류자일 것 같은 외국인들을 만나도, 별다른 반응을 보이지 않는다. 보통 사람들은 그들의 존재를 특별한 이유가 없는 한 공공기관에 알리려 하지 않는다.

조선 후기의 도망노비들도 그런 존재였다고 보면 될 것이다. 도망노비로 보이는 사람들이 도시나 농촌에서 임금노동자 형식으로 직업 활동을 하는 예를 흔히 볼 수 있었던 것이다. 그런데도 그들을 신고하기 힘들었던 것은, 그들의 숫자가 한둘이 아니었으며 또한 그들이 없으면 산업생산이 불가능했기 때문이다.

이런 노비들을 색출하기 위한 노력은 이미 오래 전부터 있었다. 고려 때는 전민변정도감田民辨正都監이란 기구에서 도망노비의 추쇄 작업을 벌였고, 조선시대에는 건국 3년 뒤인 1395년에 설립된 노비변정도감奴婢辨定都監에서 동일한 작업을 수행했다. 이런 기구에서 추적한 노비는 공노비였다. 하지만 18세기가 되면서 노비의 도망이 보편화되어 국가가 감당할 수 있는 단계를 넘어서자, 정조 때인 1778년에 국가는 노비의 추쇄를 중단했다. 국가가 노비들을 마음대로 할 수 없는 단계에 도달했으니, 노비제도 해체의 조짐이 이미 이때부터 뚜렷해지고 있었던 것이다.

유몽인이 경기도 금천현에 살 때였다. 금천현은 지금의 경기도 안양시·광명시와 서울시 금천구·구로구 일원에 있었던 지역이다. 유몽인이 젊었을 때였으니까, 임진왜란 이전의 어느 해 봄이었다. 초봄이라 한강의 얼음이 단단하지 않은 때였지만 걸어서 한강을 건너는 행인들이 꽤 많았는데, 빠져 죽는 사람들이 적지 않았다.

이때, 의금부의 노비 한 명이 쌀을 짊어지고 한강을 건넜다. 의금부는 지금의 서울시 종로구 인사동 부근인 공평동에 있었으니, 의금부에 쌀을 전달하기 위해 강을 건넜던 모양이다. 그런데 무거운 짐 때문에 그의 발아래가 폭삭 꺼졌다. 다행히 상체는 아직 물속으로 가라앉지 않았다. 얼음의 성한 부분에 두 손을 짚고 있었던 모양이다. 옆에 있던 사람이 황급히 소리쳤다. "등에 지고 있는 짐을 풀어버리면 살 수 있어!" 그러나 의금부 노비는 말을 듣지 않았다. 쌀을 버릴 수는 없었던 것이다. 《어우야담》에 따르면, 그는 "당신, 나

보고 이 짐을 버리라는 거요? 이 짐을 버리고 산다면, 살아서 당할 고통이 죽는 것만 못하잖소!"라고 소리쳤다.

노비는 어떻게든 쌀과 함께 얼음 위로 올라오려 했지만 결국 쌀과 함께 가라앉고 말았다. 앞에서 소개했듯이, 조선시대의 쌀은 상당히 고가의 상품이었다. 그 노비는 쌀을 빠뜨렸을 경우 자신이 받게 될 불이익을 두려워했던 것이다. 살기 힘들어 도망을 선택하는 노비들 같았으면, 이런 경우에 쌀을 포기하고 자기 몸이라도 건지려 했을 것이다. 하지만 도망도 용기를 필요로 한다. 의금부의 노비는 그런 용기가 없었다. 비단 이 노비만이 아니었을 것이다. 많은 노비들은 괴로울지언정 쉽사리 도망을 선택하지는 못했을 것이다. 17세기 이후에는 노비의 도망이 보편화되었다지만, 그런 엄두조차 내지 못하는 노비들도 적지 않았을 것이다.

의금부 터 | 서울지하철 1호선 종각역 1번 출구 부근으로 사진 왼쪽에 풋돌이 보인다.

처지가 불만스러우면서도 도망보다는 안주를 택한 노비들이라고 해서 저항을 완전히 포기한 것은 아니었다. 이들의 저항 형태 중에 가장 흔한 것은 태업이었다. 일을 게을리하거나 거르는 것이었다. 공물을 납부하지 않는 것, 즉 신공납부 거부도 있다. 이로 인해 18세기 중후반에는 노비주들의 신공 수입이 크게 격감했다. 같은 시기에 도망노비의 추쇄가 금지된 것을 생각하면, 노비에 대한 국가 및 주인의 통제력이 크게 약화되었음을 알 수 있다.

노비의 저항 형태 중에 가장 끔찍한 것은 주인을 살해하는 일(살주)이었다. 15세기 후반인 성종시대부터 이런 현상이 많아졌다. 노비들의 주인 살해는 조선의 법률제도가 자초한 측면도 있다. 《대명률직해》에 규정된 것처럼, 주인을 폭행한 노비는 참형에 처했다. 주인을 때리기만 해도 참형을 받았으니, 노비 입장에서는 때릴 바에는 차라리 죽이는 게 나을 수도 있었던 것이다. 살주殺主 현상은 이후에도 계속해서 사회적 문제가 되다가 순조 때 가서야 급감했다. 순조의 아버지인 정조 때부터 노비에 대한 통제가 크게 이완되다 보니, 노비와 주인이 정면충돌할 기회가 다소 줄어들었기 때문이라 볼 수 있다. 사실, 상전을 죽이는 것만큼 힘든 일도 없을 것이다. 평소에 충성을 바치던 대상에게 갑자기 칼을 들이대는 것은 웬만한 사람들은 상상도 할 수 없는 일이다. 자식이 부모를 죽이는 것 못지않게 노비가 주인을 죽이는 것도 쉽지 않은 일이다. 하지만 노비의 입장에서 생각하면, 얼마나 힘들었으면 그런 결단을 내렸을까 하는 동정심이 들 수도 있다. 명종 때 사노비인 복수福守와 충개蟲介의 사례를 한번 살펴보자.

《명종실록》[60]에 따르면, 강원도 원주에 원영사元永思란 사람이 살았다. 그는 익거노비들을 거느리고 있었는데 그중에서 충개란 여노비를 첩으로 삼아 한동안 동거했다. 나중에 그는 후처가 생기자 충개를 내보냈다. 이후 충개는 원영사의 또 다른 노비인 복수에게 시집을 갔다. 그러자 원영사는 충개가 타인의 처가 된 데에 앙심을 품고 이들 부부에게 과도한 신공을 부과했다. 이만저만 과도했던 게 아니었던 모양이다. 복수와 충개가 복수를 결심했을 정도니 말이다.

복수 부부는 치밀하게 복수를 준비했다. 충개는 잘 아는 여인을 원영사 집의 살림 도우미로 소개했다. 이 도우미는 노비는 아니었다. 복수가 도우미에게 부과한 임무는 '내응'이었다. 적의 성문을 열기 위해 아군 특수부대를 성 안에 잠입시키는 것과 같은 방식이었다. 복수는 결정적 순간을 대비해 동지 몇 명을 구했다. 복수는 노비였지만, 지역 기반이 튼튼했던 모양이다. 좋은 일도 아니고 주인을 죽이는 일에 여러 사람들의 지원을 이끌어낸 것을 보면 말이다.

어느 날, 도우미에게서 원영사가 술에 취해 있다고 연락이 왔다. '이때다' 싶었던 복수는 동지 몇 명과 함께 원영사의 집에 침투해 임신한 원영사의 부인을 포함한 일가속 다섯 명을 살해했다. 인간으로서 해서는 안 될 일을 하기는 했지만, 얼마나 원한이 맺혔으면 이런 일까지 저질렀을까 하는 생각이 드는 사례다.

살주 풍조는 살주계의 결성으로까지 이어졌다. 상부상조 정신에 입각한 계는 우리 민족의 미풍양속이지만 이런 문화가 주인에 대한 복수를 위해서도 악용되었다. 숙종 때인 17세기 후반에는 살주계 몇 개가 수도권 일원에서 적발되었다. 한성 청파와 경기도 광주의 살주계가 《연려실기술》[61]에 소개되어 있다. 살주계를 의도적으로 폄하하기 위해서인지, 《연려실기술》에는 양반 특권층을 자극하기에 충분한 내용들만 적혀 있다. 적발된 살주계의 내부 문서에 '양반을 살육하자', '부녀자를 약탈하자', '재물을 약탈하자'는 내용이 쓰여 있을 뿐 아니라, 이들이 사람들을 선동하기 위해 '우리도 양반을 아내로 삼을 수 있다' 등의 주장까지 했다는 것이다. 이들이 실제로 이런 주장을 했든 안 했든, 양반 특권층 사이에서 이런 풍문이 퍼진 것은 그만큼 살주계에 대한 공포심이 널리 확산되었기 때문이라 할 수 있다.

위와 같이 조선 후기로 갈수록 노비들의 저항은 갈수록 확산되었는데 이는 노비 관리비용의 증대를 초래했다. 도망간 노비를 찾고 노비들의 저항을 방어하는 일을 놓고 주인들이 고심함에 따라, 이로 인한 비용이 증가한 것이다. 이것은 주인뿐 아니라 국가 입장에서도 비용의 증대를 의미했다. 노비와 주인의 갈등을 처리하는 데 보다 더 많은 공권력이 투입되었기 때문이다.

비용의 증가는 노비주들로 하여금 새로운 결심을 하도록 만들었다. 노비 대신 몇 달 혹은 1년 정도만 부릴 수 있는 임금노동자를 고용하는 편이 더 낫겠다고 판단한 주인들이 늘어난 것이다. 당시에는 도망노비들이 주로 임금노동자가 되었기 때문에, 법적으로 취약한 이들을 고용하는 것이 주인들의 입장에서는 좀더 유리하기도 했다. 그래서 18세기에는 임금노동자의 숫자가 노비 못지않게 증가했다. 국가가 추노를 포기한 것도 이런 대안이 있었기 때문이었다. 이런 현상은 노비제도를 해체시키는 동력원이 되었다.

불상의 눈을 파헤친
한성 동부의 노비들

노비제도 폐지

동대문 쪽 노비들의 속설

대학로가 있는 서울 종로구 혜화동 로터리에서 동쪽으로 5분 정도 걸어가면 서울의 4소문四小門 중 하나인 혜화문惠化門을 만날 수 있다. 혜화문에서 다시 3분 정도 동쪽으로 걸어가면, 서울지하철 4호선 한성대입구역이 나온다. 그곳에서 성북천이란 하천을 볼 수 있다. 정조의 총애를 받은 서얼 출신 관료인 성대중成大中은 저서인 《청성잡기青城雜記》에서 혜화문 밖 불천佛川에서 벌어진 기괴한 일을 소개했는데 그 불천이 지금의 성북천인지도 모른다.

 1812년 이전의 어느 시점까지, 불천의 가에 석벽이 있었다. 부처님의 형상이 새겨진 석벽이었다. 사람들은 그 부처님을 '노비 부처'란 의미의 노불奴佛이라 불렀는데, 어떤 이유에서인지 이 불상은 한성 동부 노비들, 그러니까 동대문 쪽에 사는 노비들의 미움을 샀다. 노비들은 "우리를 남의 종으로 만든 놈이 이 불상이다"라며 "불상이 무슨 면목으로 우리를 쳐다본단 말인가?"라며 반감을 표하곤 했다.

 노비들은 단순히 욕설만 하고 지나간 게 아니었다. 그들 중에는

혜화문 | 조선의 4소문 중 하나로 태조 때 건축되었다. 다른 소문인 동문과 북문 사이에 있어 '동소문'이라고도 한다. 서울시 종로구 혜화동 소재.

'부처님'에게 낫을 휘두르는 이들도 있었다. 그들의 낫은 불상의 눈을 집중적으로 공격했다. 불상의 두 눈이 움푹하게 들어갈 정도였다. 석가모니를 받드는 사람들의 눈에는 아주 흉측한 일이었을 것이다. 이렇게 만신창이가 된 불상을 보며 노비들은 "저 불상만 없어지면 노비도 없어질 거야"라고 한마디씩 했다고 한다. 동대문 쪽 노비들은 노불을 노비제도의 상징적 존재로 인식한 것이다. 그들은 노불이 사라지는 날에 노비제도도 사라질 것이라고 말하곤 했다.

성대중은 1732년에 태어나 1812년에 사망했다. 그는 70대 나이에 《청성잡기》를 집필했다. 성대중은 자신이 젊었을 때만 해도, 불상을 볼 수 있었다고 했다. 그가 생각하는 '젊었을 때'가 정확히 언제까지인지는 판단하기 어렵지만, 적어도 1800년 이전에는 그의 청춘이 끝났을 것이다. 그러므로 노불이 모습을 감춘 시점 역시

1800년 이전이었을 것이다. 해마다 계속되는 장마로 산이 깎이고 하천이 메워지면서 노불도 어느덧 모래에 파묻히고 말았다. 불상 전체가 모래에 묻혀서 들어낼 수 없을 정도까지 됐다. 노비들의 저주대로 불상이 정말로 없어진 것이다.

극적인 일이었다. 성대중이 젊었을 때, 즉 1800년 이전에 노불은 분명히 없어졌다. 사람들은 '노불이 없어지는 날, 노비도 사라질 것'이라고들 예언했다. 노불이 종적을 감춘 뒤로부터 얼마 뒤인 1801년, 정조의 아들인 순조가 공노비 해방을 부분적으로 단행했다. 당시 성대중이 얼마나 신기하게 생각했을지 짐작할 수 있다. 자신이 목격한 일들이 기적 같았는지, 그는 "결국에는 모든 노비가 반드시 사라지게 될 것이다"라는 좀더 대담한 예측을 내놓았다.

성대중의 예언은 그가 죽은 지 82년 뒤인 1894년에 실현되었다. 동학농민전쟁과 청일전쟁이 벌어지던 그 해, 수천 년간 이 땅에 존재했던 노비제도가 공식적으로 소멸했다. 이 제도가 해체되는 과정을 구체적으로 살펴볼 일이 남아 있다.

노비제도, 종언을 고하다

1567년, 선조의 즉위와 함께 사림파가 권력을 장악할 때만 해도, 그들은 깨끗하고 진보적인 정치세력이었다. 종래의 지배층인 훈구파勳舊派와 비교할 때 그렇다는 말이다. 주로 수도권을 거점으로 하는 대규모 부동산 소유자들인 훈구파는 각종 정변에서 공훈을 세운

공신들로 구성되었다. 이에 비해 주로 지방을 거점으로 하는 중소 규모 부동산 소유자들인 사림파는 정상적인 단계를 밟고 권력 핵심부에 진입한 선비들로 구성되었다. 일반적으로 훈구파 유형의 지배층은 국가 초기의 불안기에, 사림파 유형은 중기 이후의 안정기에 권력을 잡는다. 15세기 끝자락에 등장한 사림파는 조광조의 활약을 거쳐 1567년에 이르러 비로소 권력을 장악했다. 이들은 왕조 멸망 때까지 조선 사회를 지배했다.

홍길동의 반란 시점과 사림파의 등장 시점이 비슷한 사실에서 느낄 수 있듯이, 사림파가 출현한 시점은 조선왕조의 시스템이 크게 동요하던 때였다. 홍길동이 반란을 결심하고 사림파가 중앙 진출을 결심한 것은 조선왕조가 건국 100여 년 만에 흔들리고 있었기 때문이다. 홍길동으로 대표되는 반정부운동은 실패했지만, 사림파로 대표되는 체제개혁운동은 성공했다. 사림파가 향약운동을 통해 향촌질서를 장악한 데서 드러나듯이, 16세기만 해도 이들은 서민들의 환영을 받는 정치집단이었다. 임진왜란 때 사림파가 지역민을 의병으로 조직해 일본군에 대항할 수 있었던 것은, 이들이 지방에서 민심을 얻고 있었기에 가능한 일이었다.

그런데 16세기 후반부터 조선왕조는 외부에서 날아온 연이은 강타에 휘청거렸다. 임진왜란(1592~1599), 정묘호란(1627), 병자호란(1637)[62]을 거치면서 조선의 국가 시스템이 큰 타격을 입은 것이다. 자연히 노비에 대한 통제 시스템도 약해졌다. 노비들의 도망은 조선 전기에도 많았지만, 조선 후기에는 훨씬 더 많아졌다. 게다가 임진왜란 이후에는 이들의 도망을 통제할 힘마저 크게 약해졌다. 여기에다가 노비들의 저항이 한층 거세졌기 때문에, 국가와 주인의 통제력은 더욱 쇠락할 수밖에 없었다.

주인들이 노비들을 다루기 힘들어지면서, 17세기부터는 임금노동자의 수요가 크게 늘어났다. 노비들이 임금노동자로 대체된 것이다. 이런 현상은 노비와 주인 양측의 필요가 절충된 결과였다. 노비의 입장에서 임금노동자로의 변신은 신분적 속박의 탈피를 의미했다. 특히 도망노비들로서는, 객지에서 입에 풀칠할 수 있는 현실적 방안은 임금노동자가 되는 길뿐이었다. 노비주 입장에서도 거친 노비를 다루는 것보다는 임금노동자를 다루는 것이 훨씬 더 수월한 일이었다. 노비제도가 법전 안에서 여전히 위력을 발휘하는 상황 속에서, 현실에서는 노비가 아닌 새로운 형태의 노동자가 증가하고

화성 건축 현장의 임금 노동자들 | 정조는 화성을 건축할 때 요역을 동원하지 않고 임금 노동자들을 사용했다. 사진은 다산유적지에 전시된 모형이다. 경기도 남양주시 조안면 소재.

있었던 것이다.

　이처럼 실제로는 노비제도가 붕괴하고 있는데도, 법전에서는 그것이 여전히 존재하는 상황은 조선의 사회발전을 제약하는 요인이었다. 새로운 경제현상을 제도적으로 수렴해야만 경제발전을 담보할 수 있는데, 법전이 여전히 과거의 경제현상을 규정하고 있다면 법률에 의존하는 국가 기능이 헛바퀴를 돌 수밖에 없다. 18세기 이후 조선이란 나라의 최대 문제는 바로 그것이었다.

　이 같은 현실과 제도의 괴리에 대해 사림파의 후예들은 치유책을 내놓지 못했다. 이들은 새로운 현실을 긍정하고 그에 걸맞은 해법을 내놓기보다는, 현실과 동떨어진 기존의 지배질서를 한층 더 강화하는 노선을 선택했다. 김장생金長生이 예학을 통해 예법질서 즉 지배-피지배 질서의 강화를 추구한 것은 당시 지배층의 정서를 반영한 것이었다. 김장생의 제자인 송시열을 지지하는 서인당·노론당이 1910년 국권 상실 때까지 주도세력의 지위를 유지한 사실에서 나타나듯이, 조선 후기의 지배층은 노비제를 근간으로는 사회질서를 억지로라도 유지하는 전략을 선택했다. 시대에 역행하는 전략을 고수했던 것이다.

　지배층이 아무리 체제를 고수하려 해도, 피지배층이 격렬히 저항하면 상황이 달라질 수도 있었다. 조선 후기에 노비들의 저항이 격렬해졌으므로, 조선왕조가 좀더 일찍 타격을 입고 새로운 생산관계도 좀더 일찍 정착됐을 수도 있다.

　하지만 17세기 이후의 동아시아 국제질서가 공교롭게도 피지배층의 저항을 억제하는 역할을 했다. 임진왜란 이후 동아시아에는 장

기간의 태평성대가 유지되었다. 임진왜란의 소용돌이를 틈타 내부 통일을 완성하고 중원을 장악한 만주족 청나라는 소수민족 출신 왕조라는 한계 때문에 중국을 지배하기에도 급급했다. 그래서 적극적인 해외정책을 전개하지 못했다. 일본도 마찬가지였다. 임진왜란을 일으킨 도요토미 히데요시〔豊臣秀吉〕 정권이 붕괴한 뒤 도쿠가와 이에야스〔德川家康〕가 새로운 막부(군사정권)를 세웠지만, 이 역시 외부에 눈을 돌릴 겨를이 없었다. 내부 안정이 우선이었기 때문이다. 임진왜란에 실패한 일본이 또다시 해외진출을 도모하는 것은 쉽지 않은 일이었다. 한편, 전쟁의 무대가 된 조선은 국토가 피폐해졌을 뿐 아니라 사회 시스템이 약해졌기 때문에 청나라·일본과 마찬가지로 공세적인 대외정책을 전개할 수 없었다. 이 때문에 17·18세기 동아시아는 임진왜란 이전보다도 훨씬 더 평화로운 곳이 되었다.

  17·18세기 동아시아가 평화로웠다는 사실은, 이 시기의 동아시아가 외교적으로 안정되었으며 나아가 그런 관계로 얽힌 각국이 안정되었음을 뜻한다. 나라가 안정된다는 것은 정부나 지배층이 힘을 얻는다는 것을 의미한다. 그래서 정통성이 취약한 정권은 외교관계에서 성공을 거둠으로써 정통성을 보완할 수 있다. 이웃나라들의 인정을 받는 정권이라는 이미지는 국내의 다양한 도전을 무마할 수 있는 힘이 된다. 조선 후기에 지배층이 내부의 도전에도 지배력을 유지할 수 있었던 데는 안정적인 국제정세가 큰 몫을 했다. 시민혁명이 발생한 동시대의 서유럽과 달리, 동아시아에서 혁명의 기운이 일어나기 힘들었던 것은 동아시아 각국의 지배층이 일종의 카르텔을 형성했기 때문이다. 조선에서 고조된 노비들의 불만이 노비 혁

명으로 발전하지 못한 것은 바로 그 때문이다.

　조선이란 나라는 노비제도가 잘 작동될 때에만 제대로 굴러갈 수 있는 나라였다. 노비제 사회를 발판으로 하는 왕조였기 때문이었다. 노비들이 주인의 감독 아래에서 열심히 노동해야만 조선왕조의 재정과 국방이 안정적으로 유지될 수 있었다. 그런데 노비제도가 일련의 전쟁을 계기로 삐걱거리더니 18세기에 이르러서는 사실상 와해되고 말았으니, 조선왕조로서는 정상적인 방법으로는 재정과 국방의 안정을 도모할 길이 없었다. 19세기에 만연한 삼정三政(전정, 군정, 환곡)의 문란은 곧 조선이라는 나라의 수취제도가 파탄되었음을 의미한다. 정상적인 방법으로는 조세 수입을 기대할 수 없기 때문에, 국가가 무리하게 세금을 거두려다가 삼정의 문란을 초래했고 결국 민란이 대두하게 된 것이다.

　조선왕조를 지탱해주던 국제적 카르텔은 1840년 아편전쟁을 계기로 크게 동요했다. 아편전쟁 이후의 중국은 남을 돕기는커녕 자국의 유지에도 급급한 나라가 되었다. 또 일본이 메이지유신을 단행한 1868년 이후로는 조선과 일본의 전통적 관계가 종결되었다. 이는 조선왕조를 국제적으로 지탱하던 보호막이 사실상 사라졌음을 의미했다. 1882년의 임오군란과 1884년의 갑신정변 등은 조선왕조가 기존 방식으로는 더는 생존할 수 없게 되었기에 발생한 사건들이었다. 임오군란과 갑신정변은 하층민의 반란이 아니었다. 군대와 지배층이 그 진원지였다. 그나마 조선왕조를 지탱해주던 국제적 카르텔이 약해지자, 군대와 지배층이 체제개혁에 나섰던 것이다. 두 사건으로부터 스스로를 근근이 방어한 조선왕조는 1894년에 또 다른 도전에 직면했다. 조선왕조 최대의 민중반란인 동학농민전쟁이 그것이다. 동학농민군의 폐정(弊政) 개혁안 중에 노비문서 소각이란 조항이 포함된 데서 알 수 있듯이, 동학농민군은 이미 사문화된 노비제도를 최종적으로 소각시키고자 했다. 노비제도가 소각된다면 조선왕조도 소각될 수밖에 없었다. 이런 방식으로 농민군은 새로운 세상을 열고자 했다.

정상적인 경우라면 조선왕조는 동학농민전쟁을 계기로 간판을 내렸어야 했다. 정부군이 동학농민군 앞에서 허무하게 무너진 것만 보아도, 조선왕조의 통제력이 이미 와해되었음을 알 수 있다. 그래서 당시 상황에서는 동학농민군에 의해 노비제도가 공식적으로 해체될 것처럼 보였다. 그런데 고종이 동학농민군 진압을 위해 청나라 군대를 끌어들이고 여기에다 불청객 일본군까지 덩달아 가세하면서, 노비제도는 동학농민군이 아닌 제3자에 의해 처형을 기다리는 신세가 되었다. 동학농민군이 밀려난 자리는 일본군에 의해 대체되었다. 일본군이 조선 조정을 장악한 상태에서 갑오경장(갑오개혁)이 일어남에 따라, 조선의 노비제도는 최종적으로 종언을 고하고 말았다.

❖ 글을 마치며

노비제도의 종말

이 글의 뒤표지가 몇 장 남지 않은 지금, 노비를 마당이나 쓸고 잡일이나 하던 하인쯤으로 치부하는 독자는 거의 없을 것이다. 대부분의 독자는 옛날 노비가 현대 서민과 크게 다르지 않은 존재였다는 판단에 도달했을 것이다. 지금의 노동자와 똑같다고는 할 수 없지만, 자기 시대 산업생산의 상당 부분을 책임졌다는 점에서 노비는 노동자와 흡사한 존재였다. 오늘날의 서민이 노동자 대중이라면, 옛날의 서민은 노비 대중이었던 것이다. 즉 이 둘은 자기 시대의 대표적인 서민이었다는 점에서 공통점을 갖고 있다. 이 같은 공통점이 있기 때문에 노비제 시대와 노동자 시대에는 역사 발전의 공통적인 패턴이 있을 수밖에 없고, 그 패턴은 앞으로도 계속 유지될 가능성이 높다. 그중 한 가지만 살펴보고 이 글을 끝맺기로 하자.

 왕들은 귀족의 노비 보유를 억제하는 경향이 있었다. 하지만 왕들이 노비제도를 해체하고 싶어 했다고 오해해서는 안 된다. 지난 수천 년간 왕들은 노비제도를 합법화했다. 그것은 그렇게 하는 것이 자기의 이익에 부합됐기 때문이다. 귀족의 사노비 보유를 억제하면서도 왕들은 자기 밑에 수많은 공노비들을 두었다. 왕들이 귀족의 노비 보유를 억제한 것은 노비제도를 증오했기 때문이 아니라, 귀족이 그것을 통해 왕권을 능가하지나 않을까 우려했기 때문이다.

　사실, 왕들의 입장에서는 귀족들이 어느 정도의 노비를 보유하는 것이 유리했다. 왜냐하면, 왕에게도 능력의 한계가 있었기 때문이다. 많은 서민들이 양인의 신분을 버리고 스스로 귀족의 노비가 된 것은, 양인 신분을 갖고는 도저히 생계를 유지할 수 없는 경우가 많았기 때문이다. 그런 사람들에 대해서는 왕이라 해도 마땅히 도울 길이 없었다. 가난은 나라님도 구제할 수 없다고 했다. 자기들이 책임질 수 없는 서민들을 귀족들이 책임지는 것은 왕들로서는 차라리 고마운 일이었다. 그렇게 해서 귀족의 수입이 많아지면 국가의 조세수입도 어느 정도는 많아질 수밖에 없으니, 왕들의 입장에서는 그것도 나쁘지 않은 일이었다. 너무 많은 수의 서민들이 귀족의 수하로 들어가 귀족의 권력을 강화시키시만 않는다면, 왕들의 입장에서는 귀족의 노비 보유를 견제할 이유가 없었던 것이다. 그러므로 왕들이 노비제도를 미워했다는 잘못된 관념을 혹시라도 가져서는 안 된다. 왕과 귀족을 포함한 지배층 전체가 노비제도를 통해서 각자의 이익을 증진시키려 했다고 이해해야 한다.

　지배층이 노비제도를 통해 이익을 증진시키자면, 노비들을 토지를 비롯한 생산현장에 묶어두지 않으면 안 되었다. 그래서 지배층이 노비제도와 관련하여 제정한 법률들은 기본적으로 노비를 생산현장에 묶어두는 데 목적이 있었다. 노비를 묶어두려면, 노비와 그의 가족에게 최소한의 생계를 보장해줘야 함은 물론이고 노비와 주인 간에 수직적 관계를 설정하지 않으면 안 되었다. 그런 관계를 정착시키고자, 국가는 노비가 주인에게 대항하지 못하도록 하는 한편 제3자인 공권력이 주인을 편들 수 있도록 각종 법률제도를 만들었다. 이런 상황에서 노비는, 주인도 주인이지만 공권력이 무서워서라도 생산현장을 쉽게 떠날 수 없었다. 이런 방법으로 지배층은 노비를 묶어두고 산업생산을 도모할 수 있었다.

그러나 피지배층을 묶어두는 것은 어느 시대나 만만치 않은 일이다. 사람을 부리는 일은 결코 쉽지 않다. 대가를 충분히 지급해도 쉽지 않은데, 제대로 된 대가도 없이 사람을 노예처럼 부리는 일이 얼마나 힘들 것인가는 어렵지 않게 짐작할 수 있다. 그래서 노비제 사회에서는 노비를 억압하는 무서운 형벌제도를 만들 수밖에 없었다. 그러나 역설적으로 생각하면, 그런 형벌제도가 있었다는 것은 그만큼 노비들의 저항이 거셌음을 반증하는 것이다.

시대가 흐를수록 노비의 저항은 거세졌고, 조선 후기에는 지배층이 부담을 느낄 정도까지 도달했다. 이것은 국가나 주인이 노비제도

유지를 위해 훨씬 더 많은 비용을 투입하도록 만들었다. 저항하는 노비를 제압하기 위해 공권력을 투입해야 했고 도망간 노비를 찾기 위해 사람을 고용해야 했다. 이 외에도 노비들의 도전으로 인해 국가와 주인이 적지 않은 비용을 부담한 사안은 한둘이 아니었다.

그러나 많은 비용을 투입했지만 노비제도는 쉽사리 안정되지 않았다. 그래서 노비주들은 노비제도를 대신할 수 있는 무엇을 찾기 시작했다. 이미 오래 전부터 존재했지만 크게 부각되지 않았던 임금노동자제도가 조선 후기부터 각광을 받은 것은 바로 이 때문이다. 인간을 평생 묶어두고 노예로 부리는 것이 더는 쉽지 않음을 깨달은 노비주들은, 언제든지 고용하고 해고할 수 있는 임금노동자 쪽으로 눈길을 돌렸다.

임금노동자가 차츰 대세를 이룸에 따라 1894년에는 노비제도가 공식적으로 폐지되었다. 노비의 존재가 미미해지고 노비 이외의 대안이 마련되자 노비제도가 공식적으로 소멸한 것이다. 엄밀히 말하면, 1894년에 벌어진 사건은 노비제도를 폐지한 사건이 아니라 노비제도가 더는 필요하지 않음을 확인한 사건이라고 해야 할 것이다.

❖ 주석

글 읽는 노비, 박인수

1) 중추부는 1392년 건국과 함께 설치된 중추원中樞院에서 출발한 기구였다. 중추원은 오늘날의 대통령비서실, 경호실, 국방부 등을 합쳐 놓은 기관이었다. 이 부서는 1400년에 삼군부三軍府로 개칭됐다가 1401년에 승추부承樞府로 바뀌었다. 1405년에 군정 업무가 병조로, 비서 업무가 승정원으로 이관되면서 승추부는 병조에 흡수됐다. 1432년, 경호 기능을 띤 중추원이 다시 설립되었다. 이것이 1461년 중추부로 개칭되고《경국대전經國大典》에 규정되었다. 하지만, 이때의 중추부는 실권이 없었다. 정3품 이상의 고위 품계를 갖고 있지만 특별한 소임이 없는 사람을 예우하는 기관에 불과했다. 요즘 말로 하면, 계급은 준장인데 보직이 없는 장군에게 형식상의 직책을 만들어주는 것과 같다고 할 수 있다. 박인수가 살던 시대의 중추부가 바로 그러했다.
2) 《근사록》은 성리학자의 생활 및 학문 지침서다. 남송 때 성리학자인 주자朱子와 여조겸呂祖謙이 1175년에 주돈이周敦頤 · 정호程顥 · 정이程頤 · 장재張載 네 학자의 글에서 생활과 학문의 지침이 될 만한 글을 뽑아서 편집한 책이다.

엽기적인 송씨에게 걸린 여종들

3) 명종 4년 1월 28일자(1549. 2. 25.)《명종실록》.
4) 중중 6년 4월 18일자(1511. 5. 14.)《중종실록》.
5) 태조 6년 7월 25일자(1397. 8. 17.)《태조실록》.
6) 한홍구, 〈미국 한국학의 선구자 제임스 팔레: 정년 기념 대담〉,《정신문

화연구》통권 83호, 2001, 212~213쪽.
7) 石坂昭雄·船山榮一·宮野啓二·諸田實, 배주한·홍성희 옮김,《서양경제사》, 삼영사, 1997, 26쪽.
8) 서양중세사학회,《서양 중세사 강의》, 느티나무, 2003, 133~137쪽.

신분 세탁으로 재상이 된 반석평
9)《성호사설》에 담긴 반석평의 이야기는 조선 후기 실학자 이긍익이 남긴 야사 총서인《연려실기술》별집 권13에 인용되어 있다.
10) 조선시대의 과거시험은 문과·무과·잡과·승과로 나뉘었다. 문과文科는 소과小科와 대과大科로 나뉘었다. 소과는 진사시와 생원시로 세분됐다. 진사시는 시를 짓는 능력을, 생원시는 경전에 대한 이해력을 테스트하는 시험이었다. 진사시·생원시는 각각 2단계로 치러졌다. 제1단계인 초시는 유학幼學('벼슬 없는 선비'를 지칭하는 표현)들이 응시한 가운데서 성균관·한성부·팔도에서 열렸다. 여기서는 700명(나중에는 540명)을 선발했다. 제2단계인 복시는 초시 합격자들이 응시한 가운데 한성에서 열렸다. 여기서는 100명을 선발했다. 초시 합격자가 복시에서 탈락하면 초시부터 다시 응시해야 했다. 다만, 부모상 기타의 사유로 복시에 응시하지 못한 경우는 예외였다. 진사시 복시에서 합격한 사람은 진사, 생원시 복시에서 합격한 사람은 생원이라 했다. 진사나 생원이 되면 공식적으로 선비의 자격을 공인받았다. 물론 과거시험에 합격하지 않아도 선비라고 불렸지만, 진사나 생원은 되어야 사회적 인정을 받을 수 있었다. 이들에게는 성균관에 입학하거나 하급 관료가 될 수 있는 기회가 주어졌다.

한편, 대과는 소과 합격자들이 응시하는 고급관료 채용시험이었다. 소과와 달리 대과는 3단계로 진행되었다. 대과의 제3차 시험에 최종 합격한 33명이 흔히 말하는 문과 합격자 혹은 과거 합격자다. 대과 합격자들은 훗날 정승이 되건 실업자가 되건 간에 일반적으로 '대과'로 불렸다. 이것은 명예로운 칭호였다. 김동인의 소설 《명문》에는 전직 재상인 전성철이 지역 사회에서 '전 대과'라는 영예로운 칭호로 불리는 장면이 나온다.

11) 조선시대 행정구역에는 함경남도니 함경북도니 하는 것이 없었다. 그냥 함경도뿐이었다. 그렇다면, 함경남도와 함경북도의 병마절도사(병사)를 별도로 설치한 이유는 무엇일까? 병사는 지방의 군사를 관장하는 직책이었다. 경기·강원도에는 한 명의 병사를 두었다. 관찰사가 이를 겸했다. 충청·전라·황해·평안도에는 두 명을 두었다. 그중 한 명은 관찰사였다. 경상도·함경도에는 세 명을 두었다. 관찰사가 이 중 한 자리를 겸했다. 나머지 두 자리는 어떻게 했을까? 경상도의 경우에 도를 좌우로 나누어 경상좌도 병사와 경상우도 병사를 두었다. 함경도의 경우에는 남과 북으로 나누어 함경남도 병사와 함경북도 병사를 두었다. 그런 경우에만 함경남도와 함경북도를 구분했다.
12) 중추부의 정2품 벼슬. 장관급이다.
13) 외바퀴가 달린 수레로서 종2품 이상의 관원이 탈 수 있었다.
14) 고대 중국 왕조인 하나라·은나라·주나라를 지칭한다.
15) 김석형,《한국사와 농민》, 북한사회과학원, 1957, 123~124쪽. 참고로, 이 책은 한국의 신서원이 1998년 재편집하여 발행했다.

노비가 된 경혜공주

16) '한성' 대신 '한양'을 사용하는 사람들이 많지만, 전자는 공식적 표현인 데 비해 후자는 그렇지 않았다. 과거 동아시아에서는 강의 남쪽 지역은 음陰, 북쪽 지역은 양陽으로 표시했다. 한성을 한양이라 부른 것은 한성이 한강의 북쪽에 있었기 때문이다. 편의상 그렇게 불렀을 뿐이다. 한편, 산의 남쪽 지역은 양, 북쪽 지역은 음으로 표시했다.

17) 안승준, 〈만력 7년 노비입안문서〉, 《고문서연구》 1권, 한국고문서학회, 1991.

남대문 밖에 사는 정광필의 노비

18) 《대동패림》〈병후만록〉의 내용은 김석형의 《한국사와 농민》 89~90쪽에서 재인용했다.

19) 이익, 《성호사설》 권7 〈인사문〉 공사천.

서자보다 못한 얼자, 홍길동

20) 연산군 6년 12월 29일자(1501. 1. 18.) 《연산군일기》.

21) 명종 8년 10월 15일자(1553. 11. 20.) 《명종실록》.

22) 세종 10년 6월 25일자(1428. 8. 6.) 《세종실록》.

23) 태종 14년 6월 27일자(1414. 7. 13.) 《태종실록》.

24) 이성무, 〈조선 초기 노비의 종모법과 종부법〉, 《역사학보》 115집, 역사학회, 1987, 44쪽.

25) 이 건의서는 태조 6년 7월 25일자(1397. 8. 17.) 《태조실록》에 수록되어 있다.
26) 궁궐의 경비나 임금의 시종을 담당하는 관리.
27) 과거시험을 거치지 않고 조상의 공덕을 이유로 특채된 관리.

노비 막심이 가족의 매매 현장
28) 이 문서는 서울시 중구 태평로의 성암고서박물관에 소장되어 있다.
29) 한문을 읽기 쉽도록 하기 위해 문장 중간 중간에 삽입한 吐(토). 일례로, 隱(은, 는), 伊(이) 등을 들 수 있다.
30) 이태수, 《노걸대사종판본언어연구老乞大四種版本言語硏究》, 어문출판사, 168~169쪽.
31) 이 책은 집문당에서 1997년에 발행했다. 이 책 277~281쪽에 노비 151명의 몸값이 제시되었다.
32) 이영훈과 박이택의 연구결과는 서울대학교출판부가 2004년에 발행한 《수량경제사로 다시 본 조선 후기》(이영훈 엮음)에 실린 논문 〈농촌미곡시장과 전국적 시장통합, 1713~1937〉에 담겨 있다. 필자는 이정수와 김희호가 집필한 《조선시대 노비와 토지소유방식》의 224~228쪽에서 이영훈·박이택의 쌀값 통계를 확인했다.

10년치 의무를 이행한 도망노비, 김의동
33) 세종 20년 11월 23일자(1438. 12. 9.) 《세종실록》.

34) 이정수·김희호, 《조선시대 노비와 토지 소유방식》, 경북대학교출판부, 2006, 30~33쪽.
35) 한승현, 〈지방행정〉, 《명청시대 사회경제사》, 이산, 2007, 135~136쪽.
36) 선조 1년 5월 26일자(1568. 6. 21.) 《선조실록》.

화폐개혁을 거부한 부자노비, 불정

37) 태종 11년 1월 21일자(1411. 2. 13.) 《태종실록》.
38) 세종 26년 윤7월 5일자(1444. 8. 18.) 《세종실록》.

술주정하다 맞아 죽은 이서구의 노비

39) 이재상, 《형법각론》(제7판), 박영사, 2010, 177~178쪽.
40) 이재상, 《형법각론》, 34~35쪽.

대기업 이사급의 노비들

41) 미야지마 히로시, 노영구 옮김, 《양반》, 도서출판강, 1996, 94쪽.
42) 미야지마 히로시, 《양반》, 92쪽.
43) 어느 사람이 죽었을 경우에 그 사람을 위해 5개월간 상복을 입어야 하는 친척. 할아버지의 남자 형제나 육촌 형제 등이 포함된다.

한성 최고 기생을 차지한 공노비

44) 성종 16년 7월 24일자(1485. 9. 2.)《성종실록》.
45) 성종 16년 8월 30일자(1485. 10. 8.)《성종실록》.

사랑에 실패한 여종, 덕개

46) 태종 5년 9월 22일자(1405. 10. 14.)《태종실록》. 이때 취해진 조치는 태종 6년 1월 1일부터 시행되었다.

재산 목록에 거명된 김무의 노비들

47) 권태환·신용하,〈조선왕조시대 인구추정에 관한 일시론―試論〉,《동아문화》14집, 서울대학교 동아문화연구소, 324쪽.
48) 문종 즉위년 12월 6일자(1451. 1. 8.)《문종실록》.

재상을 꿈꾼 천첩의 자식, 목인해

49) 태종 2년 6월 25일자(1402. 7. 25.)《태종실록》.
50) 태종 8년 12월 5일자(1408. 12. 21.)《태종실록》.
51) 민승기,《조선의 무기와 갑옷》, 가람기획, 2004, 24쪽.
52) 선조 26년 2월 13일자(1593. 3. 15.)《선조실록》.
53) 명종 10년 6월 1일자(1555. 6. 19.)《명종실록》.
54) 성종 2년 8월 25일자(1471. 9. 19.)《성종실록》.

55) 세조 13년 6월 20일자(1467. 7. 20.) 《세조실록》.
56) 세조 13년 5월 27일자(1467. 6. 28.) 《세조실록》.

추노꾼을 고발한 도망노비들

57) 《경종대왕 행장》은 《경종실록》에 수록되어 있다.
58) 영조 9년 5월 14일자(1733. 6. 25.) 《영조실록》.
59) 영조 23년 1월 27일자(1747. 3. 7.) 《영조실록》.
60) 명종 11년 4월 10일자(1556. 5. 18.) 《명종실록》.
61) 《연려실기술》 권36 〈숙종시대 고사본말〉.

불상의 눈을 파헤친 한성 동부의 노비들

62) '병자호란은 1636년에 발발하지 않았느냐?'고 말하는 사람들이 있다. '병자년丙子年은 1636년이 아니냐?'는 오해 때문이다. 하지만 병자년은 음력이고 1636년은 양력으로, 둘의 날짜는 꼭 일치할 수 없다. 병자년은 1636년 2월 7일부터 1637년 1월 25일까지다. 따라서 병자년은 1636년일 수도 있고 1637년일 수도 있다. 병자호란은 병자년 12월 9일, 즉 1637년 1월 4일에 발생했다. 한국의 기존 역사책에서는 '병자년은 1636년'이라는 전제로 '병자년 12월은 1636년 12월'이라고 표기하는 오류를 범했다. 양력과 음력을 혼동한 것이다.

❖ **참고문헌 해설**＊

《경국대전經國大典》　1485년부터 시행된 조선왕조의 기본 법전.《경국대전》에 나오는 노비·머슴 등에 관한 법령이 이 책에 소개되었다. '이 책'이란 표현은 김종성의 책을 가리키며, 아래에서도 동일한 뜻으로 사용될 것이다.

《어우야담於于野談》　'어우동'을 연상시키는 '어우'란 표현 때문에 음담집이 아닌가 하고 오해할 수도 있지만, 이 책은 조선 중기의 저명한 문인인 유몽인의 민담집이다.《어우야담》〈인륜〉편에 노비에 관한 이야기들이 많이 수록되어 있다. '글 읽는 노비' 박인수를 비롯해서《어우야담》에 등장하는 여러 노비들을 이 책에 소개했다.

《주례周禮》　기원전 1046년에 세워진 주나라의 국가제도를 정리한 책. 한국과 중국에서 국가제도를 정비하는 데 참고서 역할을 했다. 초기의 노비들은 범죄자들로부터 출발했음을 보여주는《주례》〈추관사구〉편의 문장을 이 책에 소개했다.

《설문해자說文解字》　후한後漢 때 허신이 지은 한자 사전. 한자의 어원을 알고자 한다면 이 책을 반드시 참고해야 한다. 노비의 노奴가 노동자의 모습을 형상화한 글자라는 해설을 이 책에 소개했다.

＊ 본문에서 비교적 비중 있게 취급된 참고문헌만을 소개한다.
　본문에 인용된 순서대로 참고문헌을 배열한다.
　각 문헌에 대한 설명에서 사용된 "이 책"은 김종성의 책을 가리킨다.
　각 문헌에 관한 세부적 서지사항은 이 책의 주석에 표기되어 있다.

《무명자집無名子集》 정조시대의 성균관 유생이었던 윤기의 유고 시집. 이 시집에는 성균관의 제도·문화를 묘사한 시문인 반중잡영 220수가 수록되어 있다. 반중잡영에 나오는 성균관 노비들의 삶을 이 책에 소개했다.

《반계수록磻溪隧錄》 조선 후기 실학자 유형원이 국가제도 개혁을 목표로 저술한 책. 중국에서는 노비세습이 인정되지 않는다는 유형원의 언급을 이 책에 소개했다.

《당육전唐六典》 당나라의 법전으로서 동아시아 역대 법령의 모범이 되었다. 중국에서는 노비가 세습되지 않았다는 《반계수록》의 언급이 틀린 말이 아니었음을 입증하고자 《당육전》 〈상서형부〉 편의 내용을 소개했다. 오늘날의 어느 저명한 학자가 "유형원의 주장이 사실인지 확인할 수 없다"는 글을 남긴 적이 있어서, 유형원의 말이 사실임을 보여주고자 《당육전》을 소개했다.

《봄봄》 일제시대를 배경으로 하는 김유정의 소설. 점순이와의 결혼을 꿈꾸며 그 집 머슴으로 들어갔다가 '예비 장인'에게 이용만 당한 어느 청년의 이야기를 다룬 책. 머슴과 노비의 차이점을 보여주고자 《봄봄》의 일부를 소개했다.

《김대중 자서전》 머슴과 노비의 차이점을 보여주고자 전남 무안군(현 신안군) 하의도에서 성장한 김대중의 어린 시절에 등장하는 머슴의 이야기를 이 책에 소개했다.

《어수신화禦睡新話**》** 조선 후기의 관료 겸 화가인 장한종이 엮은 민담집. '어수신화'란 '졸음을 막는 새로운 이야기'란 뜻. 머슴의 모습, 관기들의 수청의무, 한 집안의 노비 보유 숫자, 도망노비 및 추노 등에 관한 내용이 이 책 곳곳에 소개되었다.

《금계필담金溪筆談**》** 조선 후기 관료인 서우영의 민담집. 머슴 생활을 한 명문가 자제, 여노비의 손가락을 자른 송씨 부인, 주인에 대한 의무를 기피하는 외거노비들, 주인한테 술주정했다가 맞아죽은 이서구의 노비, 아전을 오빠로 둔 관기 등의 이야기를 이 책에 인용했다.

《삼국사기三國史記**》** 김부식이 정리한 고구려·백제·신라의 역사서. 고구려 미천왕이 한때 머슴살이를 했다는 사실, 고대 왕국들이 전쟁을 벌인 본질적 동기는 노비나 노예를 확보하기 위한 것이었다는 점, 미실의 애인인 사다함이 노비들을 과감하게 면천시킨 적이 있다는 사실 등을 이 책에 소개했다.

《명종실록明宗實錄**》** 제13대 명종 시대의 역사를 정리한 공식 역사서. 제14대 선조 때 편찬되었다. 여노비의 손가락을 자른 송씨 부인의 남편인 홍언필에 관한 이야기, 서자와 얼자의 차이, 국가위기를 벗어나고자 면천을 약속하면서 노비들의 참여를 호소하는 정부의 태도, 주인을 잔혹하게 살해하고 태아까지 꺼낸 노비들의 복수심이 이 책에 소개되었다.

《중종실록中宗實錄**》** 제10대 연산군을 몰아내고 왕위에 오른 제11대 중종 시대의 역사를 정리한 공식 역사서. 제13대 명종 때 편찬되었다. 송씨 부인이 남편 홍언필과 간통한 여노비를 폭행하고 생매장한 사건을 소개했다.

《공산당 선언 Manifest der Kommunistischen Partei》 카를 마르크스와 프리드리히 엥겔스의 선언문. 로마제국의 노예제와 중세 유럽의 농노제에 관한 《공산당 선언》의 문구를 이 책에 인용했다.

《서양경제사》 네 명의 일본 학자가 정리한 책. 로마제국의 노예노동에 관한 내용이 나온다.

《서양 중세사 강의》 열다섯 명의 한국 학자들이 정리한 책. 중세 서유럽 농노의 토지소유권 문제에 관한 내용이 나온다.

《성호사설星湖僿說》 조선 후기 실학자의 이익의 대표적 저서. 노비 출신으로 재상이 된 반석평에 관한 이야기, 공노비와 사노비의 세부적 종류에 관한 이야기, 사노비가 공노비보다 훨씬 더 힘들다는 이야기 등과 함께, 노비 시인 백대붕의 시가 소개되어 있다.

《한서漢書》 반고가 정리한 한나라(전한)의 역사서. 노비제도가 기자조선에서 유래했다는 주장의 근거가 되고 있는 《한서》〈지리지〉 본문을 이 책에 소개하고 그 문제점을 지적했다.

《삼국지三國志》 진수가 편찬한 위·촉·오의 역사서. 노비제도가 기자조선에서 유래했다는 주장의 정당성을 검증하고자 《삼국지》를 인용했다.

《후한서後漢書》 범엽이 편찬한 후한의 역사서. 《후한서》를 인용한 것은 노비 제도가 기자조선에서 유래했다는 주장의 정당성을 검증하기 위해서다.

《한국사와 농민》 북한 학자 김석형의 저서. 고대 왕국들의 전쟁에서 점령지 주민들이 향·부곡민이 되어 집단적인 노비 신세로 전락했다는 언급을 이 책에 인용했다.

〈경혜공주 묘지〉 공주에서 노비로 추락한 경혜공주(단종의 누나)의 삶과 인적 사항을 정리한 글. 이승소라는 인물이 남긴 《삼탄선생집三灘先生集》에 수록되어 있다. 양인이 노비로 추락한 원인을 설명하고자 이 묘지를 활용했다.

《세종실록世宗實錄》 제4대 세종시대의 역사서로 제6대 단종 때 완성되었다. 경혜공주, 노비 출신 수공업자들, 보충군에 관한 내용을 기술하기 위해 《세종실록》을 인용했다.

《연려실기술練藜室記述》 조선 후기 실학자 이긍익이 편찬한 야사 총서. 경혜공주가 노비로 추락하는 순간을 보여주고, 조선 후기 살주계의 실태를 보여주고자 《연려실기술》을 인용했다.

《대전회통大典會通》 고종 때 편찬된 법전으로서 《경국대전》을 계승했다. 어떤 범죄를 저질러야 노비로 전락하는지를 설명하고자 《대전회통》〈형전〉 규정을 소개했다.

《대명률직해大明律直解》 명나라 형법인 대명률을 조선의 실정에 맞게 수정한 법률. 어떤 사람들이 노비로 추락했는지, 노비와 주인 간에 발생한 형사 사건은 어떻게 처리됐는지를《대명률직해》에서 파악할 수 있다.

〈만력 7년 노비입안문서〉 1991년 한국고문서학회가 발행한《고문서연구》1권에 수록된 안승준의 논문. 노비 매매과정을 보여주는 문서들이 이 논문에 소개되어 있다.

《배비장전裵裨將傳》 신임 제주목사에 의해 예방에 임명되어 제주에 도착한 배걸덕쇠의 위선을 풍자한 조선 후기 소설. 관기들의 의무와 생활을 보여주기 위해 이 소설을 활용했다.

《동방견문록》 마르코 폴로의 아시아 여행기. 관기들의 수청 의무와 유사한 풍습이 지금의 중국 신장위구르 자치구의 하미 지역에 있었음을 설명하고자《동방견문록》을 인용했다.

《춘향전春香傳》 관기들의 삶을 설명하기 위해《춘향전》의 몇 장면을 소개했다.

《연산군일기燕山君日記》 폐주 연산군 시대의 역사를 정리한 책으로 중종 때 편찬되었다. 얼자 신분인 소설 속 홍길동의 실제 활동상을 설명하기 위해《연산군일기》를 활용했다.

《삼국유사三國遺事》 일연이 편찬한 고구려·백제·신라의 역사서.《삼국유사》의 두 군데를 인용했다. 앞부분에서는 서자란 표현의 다양한 의미를 설명하고자, 뒷부분에서는 여노비 덕개를 사랑하는 허봉의 시문을 해석하고자《삼국유사》를 인용했다.

《고려사高麗史》 조선 건국 주역들에 의해 편찬된 고려시대 역사서. 고려시대에 노비 신분이 어떻게 결정됐고 노비의 혼인이 어떻게 처리됐는지를 설명하기 위해《고려사》를 인용했다. 몽골제국이 고려의 노비제도에 대해 부정적 시각을 갖고 있었다는 사실이《고려사》에 기록되어 있다는 점도 소개했다.

《태종실록太宗實錄》 세종 때 편찬된 제3대 태종시대의 역사서. 부유한 노비 상인인 불정과 출세 지향적 노비인 목인해의 이야기가《태종실록》에 소개되어 있다.

〈조선 초기 노비의 종모법과 종부법〉 1987년 역사학회가 발행한《역사학보》제115집에 실린 이성무의 논문. 노비주들에 의해 조장된 양천상혼(양인과 노비의 혼인)이 고려왕조의 멸망에 기여했음을 설명하기 위해 이 논문을 인용했다.

《성종실록成宗實錄》 연산군 때 편찬된 제9대 성종 시대의 역사서. 관기들의 양다리 걸치기에 대한 사대부들의 비판적 시각, 정치적 목적으로 단행된 노비 면천에 관한 사례가 소개되었다.

《노걸대老乞大》 고려시대 및 조선시대의 중국어 회화 교재. 노비매매 문서를 포함한 고대 문서의 서식을 이해하는 데 필요한 배경 지식을 제공하기 위해 《노걸대》를 활용했다.

《심청전沈淸傳》 18세기를 배경으로 하는 《심청전》은 효녀 소설로 알려져 있지만, 물론 그런 인식이 틀린 것은 아니지만, 이 책의 본질은 인생역전 소설이라 할 수 있다. 눈먼 자들이 빛을 보고 서민들이 귀족이 되는 장면에서 알 수 있듯이, 이 책은 조선 후기의 신분제 동요를 반영하는 소설이다. 심청의 몸값(공양미 300석)과 노비의 몸값을 비교하기 위해 《심청전》을 활용했다. 《심청전》을 포함한 조선 후기 소설들의 본질에 관한 이야기는 추후에 다른 책을 통해 상세히 다룰 것이다.

《태조실록太祖實錄》 세종 때 편찬된 태조시대의 역사서. 노비의 몸값과 목인해의 신상변동을 설명하고자 《태조실록》을 인용했다.

《조선시대 사노비 연구》 경제사 연구자 김용만의 저서. 조선 후기 노비 151명의 몸값이 제시되어 있다.

《세설신어世說新語》 서기 3~4세기 중국인들의 생활상을 담은 유의경의 저서. 당시 중국에서는 남자 노비가 여자 노비보다 훨씬 더 비쌌다는 점을 설명하고자 《세설신어》의 한 대목을 인용했다.

〈농촌미곡시장과 전국적 시장통합, 1713~1937〉 경제학자 이영훈·박이택의 논문. 노비 몸값과 쌀값의 추이를 비교하고자 이 논문을 인용했다.

《**속대전**續大典》 영조 때인 1746년에 편찬된 법전으로서《경국대전》을 수정·보완한 것. 주인에 대한 노비의 의무가 조선 후기에 어떻게 변했는지를 설명하기 위해《속대전》을 인용했다.

《**조선시대 노비와 토지 소유방식**》 역사학자 이정수와 경제학자 김희호의 공저. 노비가 주인에게 납부한 면포의 가치를 설명하기 위해 두 학자의 연구 결과를 인용했다.

《**명청시대 사회경제사**》 오금성·박기수를 비롯한 중국사 학자들의 명나라·청나라 시대 논문집. 이 논문집의 일부인 한승현의 〈지방행정〉이 이 책에 인용되었다. 청나라 서리들이 봉급을 받지 못했다는 내용이 이 책에 소개되었다. 노비 출신 서리들이 조선의 국가행정을 사실상 책임졌다는 내용을 설명하는 과정에서 이 논문을 인용했다.

《**광인일기**狂人日記》 중국 근대의 대표적 문학가 겸 사상가인 노신(루쉰)의 소설. 청나라의 지방 서리들이 남의 아내를 빼앗는 등의 폭압을 저질렀다는 내용이 나온다. 조선의 노비 출신 서리들도 그 정도로 막강했음을 보여주고자《광인일기》를 소개했다.

《**선조실록**宣祖實錄》 제15대 광해군 때 편찬된 선조시대의 역사서. 제16대 인조 때《선조실록》에 대한 수정작업이 시작되어 제17대 효종 때《선조수정실록》으로 바뀌었다. 노비 출신 서리들의 전횡을 비판한 조식의 상소, 한성 최고 기생인 성산월의 유혹을 '물리친' 김예종, 임진왜란을 극복하고자 면천을 조건으로 노비들에게 도움을 호소하는 조선 정부의 비상대책에 관한 내용이 실려 있다.

《석재고 碩齋稿》 정조의 총애를 받았다가 순조 때 사사된 윤행임의 시문집. 노비 시인 백대붕에 관한 평가를 《석재고》에서 확인할 수 있다.

《성수시화 惺叟詩話》 《홍길동전》의 저자인 허균의 평론서. 노비 출신 시인인 유희경에 관한 평가를 담고 있다.

《논어 論語》 주인과 노비의 관계가 부모자식 관계로 의제되었다는 점을 설명하는 과정에서 《논어》〈자로〉편의 고사를 인용했다.

《양반》 조선시대 연구자인 미야지마 히로시의 저서. 수백 명의 노비를 보유한 명문가들에 관한 이야기가 소개되어 있다.

《장화홍련전 薔花紅蓮傳》 조선시대를 배경으로 하는 작자 미상의 소설. 장화·홍련 자매가 계모의 미움을 받아 억울하게 죽었다가 지방관의 도움을 받아 원한을 푼다는 내용이다. 두 자매의 어머니가 시집 올 때 수천 명의 노비를 데리고 왔다는 내용을 이 책에 소개했다.

《세조실록 世祖實錄》 성종 때 편찬된 제7대 세조시대의 역사서. 함길도로 군량미를 운반해주는 노비들에게 면천을 약속하는 정부의 모습, 이시애의 난을 진압하는 데 도움을 제공하는 노비들에게 면천을 보장하는 정부의 모습,

'가진 자'의 편에 서서 노비의 재산을 보호해주려는 정부의 모습, 서류위조를 통해 이루어지는 불법 면천의 사례를 볼 수 있다.

《경북지방 고문서 집성》 이수건이 편찬하고 영남대학교출판부가 발행한 경북지방의 고문서 자료집. 노비들이 주인의 재산을 어떻게 잠식했는지, 노비에게서 태어난 아이들의 신분이 어떻게 처리되었는지를 볼 수 있다.

〈조선왕조시대 인구추정에 관한 일시론〉 서울대학교 동아문화연구소가 발행한《동아문화》에 실린 논문. 노비 225명을 둔 가문은 오늘날의 대기업에 해당한다는 설명을 하기 위해 조선시대 인구와 오늘날 인구를 비교하는 과정에서 이 논문을 인용했다.

《꺼삐딴 리》 해방공간을 배경으로 하는 전광용의 소설. 권력을 꿈꾸는 노비 목인해에 대한 이해를 돕기 위해《꺼삐딴 리》의 주인공인 이인국의 삶을 소개했다.

《정신분석 입문》 프로이트의 저서. 주인을 배반한 노비 목인해의 행동이 과거에 이미 전조前兆로써 예고되었다는 점을 설명하기 위해 프로이드의 언급을 인용했다.

《경종대왕 행장景宗大王行狀》 장희빈의 아들인 경종 임금의 일생을 정리한 글. 영조에게 저항한 역적 황진기에 관한 설명을 하는 과정에서, 황진기 일파가 존경한 경종의 국민적 인기를 소개하고자《경종대왕 행장》을 인용했다.

《영조실록英祖實錄》 제22대 정조 때 편찬된 제21대 영조 시대의 역사서. 역적 황진기에 관한 이야기를 하는 과정에서 《영조실록》을 인용했다.

《청성잡기靑城雜記》 정조의 총애를 받은 서얼 출신 관료인 성대중의 저서. 한성 혜화문 밖에 있었던 '노비 부처'의 이야기가 《청성잡기》에 실려 있다.

조선 노비들, 천하지만 특별한

초판 1쇄 발행 2013년 3월 4일　**초판 7쇄 발행** 2018년 11월 30일

지은이 김종성　**펴낸이** 연준혁

출판1본부 이사 김은주
출판4분사 분사장 김남철
디자인 김준영

펴낸곳 (주)위즈덤하우스 미디어그룹　**출판등록** 2000년 5월 23일 제13-1071호
주소 경기도 고양시 일산동구 정발산로 43-20 센트럴프라자 6층
전화 031)936-4000　**팩스** 031)903-3891
전자우편 yedam1@wisdomhouse.co.kr　**홈페이지** www.wisdomhouse.co.kr

값 14,000원　ⓒ김종성, 2013
ISBN 978-89-93119-57-2 03900

*역사의아침은 (주)위즈덤하우스 미디어그룹의 역사 전문 브랜드입니다.
*잘못된 책은 바꿔드립니다.
*이 책의 전부 또는 일부 내용을 재사용하려면
　사전에 저작권자와 (주)위즈덤하우스 미디어그룹의 동의를 받아야 합니다.

국립중앙도서관 출판시도서목록(CIP)

조선 노비들, 천하지만 특별한 / 김종성 지음 ─ 고양 : 위
즈덤하우스, 2013
　p. ;　cm

ISBN 978-89-93119-57-2 03900 : ₩14000

노비[奴婢]
조선 시대[朝鮮時代]

911.05-KDC5
951.902-DDC21　　　　　　　　CIP2013000962